COMMUNIQUER AVEC L'INVISIBLE

Médiumnité, communication avec les guides, passage d'âmes, purification des lieux, libération de mémoires...

COMMUNIQUER AVEC L'INVISIBLE

Médiumnité, communication avec les guides, passage d'âmes, purification des lieux, libération de mémoires...

Lulumineuse

Illustrations : Florine Le Richon

(@florisillustrations)

Le lotus & l'éléphant

Sommaire

CHAPITRE IV : COMMUNIQUER ET ENTRER DANS LE MONDE DES ÉLÉMENTAUX

CHAPITRE V : COMMUNIQUER AVEC LES ANIMAUX

CHAPITRE VI : AGIR SUR LA LUMIÈRE

CHAPITRE VII : DÉVELOPPER VOTRE MÉDIUMNITÉ

18 entraînements et visualisations audio

ENTRAÎNEMENTS

1. **Entraînement** • Recevoir des infos du subtil *via* la gestuelle corporelle
2. **Entraînement** • Harmonisation énergétique et éclairage
3. **Entraînement** • La fenêtre vibratoire à connaître (juste avant de dormir)
4. **Entraînement** • Fluidifier votre réception et votre intuition
5. **Entraînement** • Télépathie, première étape
6. **Entraînement** • Télépathie, deuxième marche initiatique
7. **Entraînement** • Voyages initiatiques multiples
8. **Entraînement** • Canaliser un texte écrit
9. **Entraînement** • Rétrocognition
10. **Entraînement** • Psychométrie (percevoir l'histoire d'un objet)
11. **Entraînement** • Convergence de la conscience (vous relier à un être vivant, comme une plante)
12. **Entraînement** • Poser les bonnes questions aux guides
13. **Entraînement** • Canaliser les énergies sensorielles
14. **Entraînement** • Canaliser les strates supérieures

VISUALISATIONS ET SOINS

15. **Visualisation / Soins** • Purifier votre aura
16. **Visualisation** • Accueillir une présence lumineuse
17. **Visualisation** • Ce guide sur votre chemin
18. **Visualisation** • Les anges

Introduction

Au fil des années, avec une grande perspicacité, une immense joie et une volonté intérieure inébranlable de retrouver et de me mettre au service de la Lumière, j'ai développé des outils que je vous livre ici tels que mes guides me les ont enseignés. Que ce partage ouvre en vous tout votre potentiel divin et libère l'huile de votre lampe afin de briller et d'illuminer le monde !

Je souhaite permettre à chacun de développer toutes ses capacités intérieures en expliquant leur fonctionnement. Mais attention, je ne suis pas là pour remplir les têtes. On pense qu'ajouter de la connaissance va nous rendre plus intelligents, mais c'est plutôt le contraire.
Il faut retirer ce qu'on croit savoir pour commencer à écouter.
L'éveil vient de l'intérieur, dès que la personne est prête. Peut-être a-t-elle expérimenté des vies et des vies sous hypnose, jusqu'au jour où elle écoute cette partie d'elle qui a été mise en sourdine.

Vous trouverez également dans ce livre des visualisations et exercices d'entraînement audio pour aller plus loin et mettre en pratique.

Avec tout mon Amour, BeLight !

Les principes de la communication universelle

CHAPITRE I

Reconnaître ce moment où les guides vous parlent

VOUS COMMUNIQUEZ TOUS LES JOURS AVEC VOTRE GUIDE

Quel vaste sujet que la communication avec les guides ! Et pourtant, j'ai décidé de vous donner une vraie méthode. Ou plutôt, je vais vous partager une RÉVÉLATION ! Parce que, en réalité, la méthode, vous l'avez déjà tous en vous : **vous communiquez tous, ABSOLUMENT TOUS, avec vos guides !**

Une seule chose distingue celle ou celui qui communique consciemment, et donc entend ses guides, de celle ou celui qui envoie des appels mais dit ne rien recevoir. Une seule chose distingue une personne qui crée sa vie de celle qui la subit. Une seule et unique chose distingue un être qui parle consciemment à son Soi profond, porte de tous les plans, à sa multidimensionnalité, ses guides, ses anges, ses intervenants, les Célestes... **C'est la différence consciente entre l'idée et la pensée.**

L'humain endormi ou partiellement conscient a naturellement tendance à s'attribuer toutes les idées, à les soumettre à ses pensées et à en faire une équation. Or, il y a une énorme différence entre les idées et les pensées ! La différence fondamentale tient dans la différence du **destinateur**. Le destinateur est celui ou celle qui destine une chose à telle personne ou à tel but, par opposition au destinataire. Ce mot vient de « destiner ».

Bien que pour l'idée ou la pensée, le destinataire sera toujours vous, le destinateur, lui, est bien différent !

✸ Comment les guides vous soufflent des idées au quotidien

Par, exemple, quand on dit « j'ai eu l'idée de... » et que nous nous l'attribuons, pourquoi ne dit-on pas « je viens de fabriquer une idée » ? Eh bien, parce que notre inconscient sait que c'est quelque chose que l'on a reçu !

Absolument toute notre journée est bercée d'idées. Les idées sont semées dans les choses les plus banales du quotidien et deviennent des réalisations... ou non !

EXEMPLE DE COMMUNICATION AVEC VOTRE GUIDE :

Vous êtes tranquillement sur votre canapé en train de lire un livre au chaud sous un plaid. Soudain, vous avez une idée : vous avez envie de vous préparer une bonne tasse de thé bio... Ce n'est pas une idée qui paraît changer la face du monde et pourtant, elle pourrait bien changer votre vie !

La première chose qui se passe dans notre tête est la soumission de l'idée reçue à nos pensées... Deux cas de figure se présentent :

- **Premier cas :** vous avez eu l'idée de vous faire un thé mais vous êtes bien sous votre plaid et vous ne savez pas s'il reste dans le placard le thé que vous aimez. Vous avez vraiment la flemme de vous lever, donc ça sera peut-être pour plus tard...
- **Deuxième cas :** super idée ! Vous vous levez tout de suite pour le préparer. Et ça vous permet de vous dégourdir les jambes.

Ces deux cas sont très banals. Ce genre de situation se présente à nous quotidiennement et de manière totalement inaperçue quand on n'a pas pris pleinement conscience de la réalité du DESTINATEUR qui se cache derrière !

Vos guides communiquent avec votre Moi profond en permanence

Nous avons des idées en permanence et c'est le **libre arbitre** qui nous permet de répondre favorablement ou non à la proposition de notre guide, ou à celui qui parle à travers la porte de notre **Moi profond.** De jour en jour, d'heure en heure, de seconde en seconde... Nous passons en permanence la plupart des conseils de nos guides au peigne fin de notre mental, qui va décider si, oui ou non, nous allons répondre à la direction que notre Moi profond nous propose.

Nous passons notre temps à confronter notre Moi profond et notre personnalité, jusqu'au jour où nous nous demandons si c'est bien nous qui avons choisi cette vie, si nous avons mérité tout ce qui nous arrive... Souvenez-vous de cette fameuse tasse de thé que vous avez refusé de « créer » dans le premier cas : votre guide vous avait soufflé, par l'idée qu'il a semée, d'aller vous préparer votre thé. Là, vous auriez pu regarder l'heure et vous dire que vous en aviez le temps avant de faire autre chose. Vous auriez alors peut-être posé le livre et destiné cette heure à une autre activité... et ainsi de suite ! En réalité, toute votre journée aurait été affectée dans ses moindres détails...

Savez-vous exactement ce que vous allez faire dans cinq minutes précisément ? Quelle position, quelle pensée, quelle action ? Non ! Les guides, votre Moi profond et tous les plans à l'intérieur de vous, eux, le savent ! C'est pour cela que, quotidiennement, ils vous soufflent de petites pistes qui deviendront les grandes réalisations de demain.
Vous êtes libre de l'aide que l'on vous apporte, libre de décider, de choisir entre l'idée ou la pensée, mais une chose est fondamentale : sans l'idée, le thé n'aurait jamais été créé !

✸ Transmuter l'idée en matière

Toute création vient d'une idée. Recevoir une idée est le principe du féminin sacré, la Création, celui du masculin sacré.
Souvenez-vous : Père Créateur, Intuition féminine. Combien de fois avez-vous entendu cela ? L'un ne va pas sans l'autre et en nous résident les deux. Si nous prenons pleinement conscience du destinateur, nous prenons pleinement conscience du libre choix de fusionner l'idée en la création.

Dès notre plus jeune âge, nous faisons fonctionner ce principe naturellement. Petit, vous preniez des crayons et une feuille blanche et l'idée de dessiner une jolie maison venait. Le dessin est la création de votre idée !

En d'autres termes, vous avez réussi le plus naturellement du monde à transmuter la haute vibration de l'idée en matière. Vous avez rendu le non-manifesté manifesté ! Vous avez rendu ce qui existe déjà dans la très haute vibration et la très faible densité de l'idée en un dessin dans la matière densifiée. Vous avez densifié la vibration de l'idée en votre plan de fréquence. Grâce à la fusion de ces deux principes, grâce au choix de vous écouter, vous, le « vrai vous », le Moi profond !

> **En reprenant conscience que l'idée ne vient pas de votre individualité, vous redevenez l'être multidimensionnel que vous êtes, un être responsable de sa vie à travers ses choix.**

Vous avez le choix de suivre l'idée ou vos pensées, de combiner les deux, de les faire travailler ensemble ou de les confronter, de suivre votre Moi profond ou votre personnalité.

LA CONFIANCE, LE COURAGE ET LA FOI : AVOIR FOI EN SOI, AVOIR FOI EN L'IDÉE !

Au fil du temps et des apprentissages, il est important de se constituer un super sac à dos avec ces trois ingrédients principaux. Car, bien sûr, dans les débuts, quand on a une idée, les pensées se font un malin plaisir à immiscer le doute...

- **Écouter toutes les idées**. Lorsque je communique avec mon guide ou d'autres entités sur d'autres plans de conscience, j'écoute absolument toutes mes idées et jamais mes pensées. Je ne leur barre pas la route pour autant. Je leur donne simplement moins de poids afin qu'elles me laissent librement écouter les idées qui germent naturellement.
- **Reconnaître qui vous parle.** Pour savoir qui me parle, je pose la question, c'est-à-dire que j'émets l'intention et j'écoute l'idée. Je me sers de mon écran mental pour regarder mon interlocuteur ou bien je l'imagine en le visualisant. Je me sers tout simplement de mon Moi profond, je m'écoute ! Plus on s'écoute, plus les idées sont claires et le destinateur aussi. Tout cela vient au fur et à mesure, en s'éloignant des doutes, des craintes et de la peur de se tromper.
- **Être attentif à ce que vous semez.** Si l'on sait ce que l'on sème, on a foi et confiance dans ce que l'on va récolter. Si on plante des graines de doute à foison, on récolte des doutes en quantité. Si on plante des graines de peur, on récolte la peur...

Alors au début, si vous avez une idée biscornue, ne vous affolez pas ! Rappelez-vous que ce sont les plus petites idées qui créent les grands changements ! Elles s'emboîtent entre elles et deviennent de véritables réalisations qui changeront en effet la face du monde. Mais dans quelle intention ? Posez-vous la question : l'idée vous ressemble, c'est du sur-mesure par rapport ce à quoi aspire votre Moi profond...

L'idée a créé et continue éternellement de créer dans tous les genres, comme des variétés sublimes de fleurs, des inventions qui changent le quotidien de millions de personnes, mais elle a aussi abouti à la création des armes à feux, par exemple... On pourrait l'imaginer comme un petit bout du Tout, relayé par un messager et atterrissant dans notre tête par attraction de notre Moi profond. Et comme dans le Tout, il y a tout, les intentions profondes sont multiples et variées.

✷ Comment reconnaître l'idée ?

L'idée est toujours parfaite et immédiate dans sa forme. Souvent, on la reconnaît car elle vient avant la pensée. Vous savez, quand, après coup, vous vous dites : « J'aurais dû m'écouter ! »
Elle est aussi celle qui reste et dont on ne sait pas pourquoi on la garde en tête.

- **Elle peut prendre la forme de toute communication à l'intérieur :** image, chanson qui revient en boucle, pensée non formulée, telle une impulsion compacte et sur mesure.
- **Elle peut aussi prendre la forme de toute communication à l'extérieur.** C'est souvent le cas lorsque vos guides tiennent absolument à vous faire passer un message à l'intérieur sans succès : les suites de chiffres, les signes en tous genres.

✷ Comment reconnaître la pensée ?

La pensée est plus dense que l'idée. Une pensée est « entendue dans la tête ». Une idée est une impulsion silencieuse qui nous communique une information spontanée. À la différence des idées, les pensées peuvent créer un brouillard mental, une hypnose, des « mots de tête », quand une idée peut venir illuminer votre être. Les pensées sont souvent à me marteler ce que j'ai à faire dans la journée : sortir le linge de la machine, sortir le linge de la machine, sortir le linge de la machine... L'idée, elle, est fugace, furtive et déclenche une prise de conscience soudaine qui réjouit l'esprit.

Les pensées sont souvent plongées dans l'illusion de la linéarité du temps, de sorte qu'elles sont toujours dans un train déjà passé qu'on attend toujours...
Elles ne sont généralement pas au présent et quand c'est le cas, on a l'impression d'être niais. Quand on est enfant, on est en permanence dans le présent.
En grandissant, on fait progressivement une espèce de pirouette improbable qui nous fait quitter le train du présent pour rentrer dans un train magique qui va dans le passé et le futur en même temps et le tout au présent !
Nous avons tous des idées et des pensées, notre fraternité et notre individualité, l'esprit et le mental, le manifesté et le non-manifesté.

L'ÉQUATION DES HUMAINS

L'Univers est mental, l'Esprit est Tout. Ou encore, l'Univers est mental, il est contenu dans l'âme du Tout.
Petite équation : l'Univers est mental = pensées.
L'Esprit est tout = idées.
Si je fusionne mes idées et mes pensées, j'harmonise mon mental à mon esprit.
Ça a l'air simple comme cela, mais voilà l'équation de 99 % des humains :
Idées = moi
Pensées = pareil que les idées = moi = je suis en permanence dans mon individualité en m'attribuant systématiquement tout ce qui me passe par la tête comme venant de ma personne physique, mon seul référent.
Dit plus simplement : en faisant la différence entre les pensées et les idées, je comprends que ce que je perçois et ce que j'analyse est mental, mais ce que je reçois et ce qui féconde mon être vient d'un plan supérieur à celui de la pensée, c'est l'idée. Avec cette nuance, je peux harmoniser mon idée avec ma pensée au lieu de les opposer inconsciemment et leur redonner chacun leur rôle initial.

✸ Pourquoi surveiller vos pensées ?

Beaucoup le savent, mais j'entends bien souvent : « Ah ! Je ne le fais pas toujours, c'est vrai ! »
Surveiller ses pensées, c'est justement veiller au poids qu'on leur donne. **Une fois qu'on prend conscience de notre responsabilité à concrétiser l'idée ou non, nous intégrons aussi le fort pouvoir de décision que nous portons en nous.** Si l'idée me vient et que tout de suite je lui attribue des pensées négatives, je vais naturellement l'annuler et créer un contre-mouvement inconscient.
Voici un exemple :
Idée : Ah oui ! Il faut que j'appelle Julie, c'est vrai !
Pensée : Arf ! Ça va mettre des heures encore !
Pensée : Oh, je l'appellerai à un autre moment !
Voilà comment mes pensées ont créé l'un des mouvements ou non-mouvements de ma journée. Je viens de créer inconsciemment un contre-mouvement, qui va à l'encontre de ce que me dit mon Moi profond, et se présente naturellement à moi par la loi d'attraction.

✸ Le libre arbitre d'écouter – ou pas – votre Moi profond

Vous avez remarqué ces personnes à qui il n'arrive que des ennuis ? Elles vivent toujours des histoires abracadabrantesques et on se demande comment elles font pour se retrouver en permanence dans des situations pareilles ! Eh bien, en les observant, j'ai remarqué qu'elles contre-produisent presque chacune leurs idées : leurs pensées sont si fortes qu'elles prédominent presque toujours sur l'idée initiale.

Je l'ai vu avec un ami à qui les guides envoyaient beaucoup de signes pour lui suggérer de ne pas se rendre où il voulait absolument aller. En une journée, il a eu de gros soucis pour réserver son billet d'avion, il a dérapé en voiture sur un rond-point et il s'est blessé à la jambe au foot.

Quand il m'a raconté tout cela éberlué en me disant « Tu te rends compte ! », je lui ai demandé s'il avait perçu qu'on lui avait peut-être suggéré de ne pas y aller. Il m'a alors répondu que, même si l'avion se prenait un éclair et qu'il devait continuer à la nage, il irait ! J'ai compris qu'il n'avait pas conscience que c'est avec son Moi profond qu'il se battait. L'individualité contre la fraternité en lui. Le Moi profond contre la personne physique. Sa personnalité avait pris une décision, mais son Moi profond lui demandait l'inverse. Il y est allé et a récolté ce qu'il avait semé. En s'écoutant, il aurait pu éviter d'apprendre par la douleur, mais l'enseignement a été donné.

Soyons conscients de Qui nous parle à chaque instant, de notre libre choix d'écouter ou non, de créer ou de ne pas créer, reprenons conscience de notre pleine responsabilité à travers tous les actes, toutes les idées et toutes les pensées de notre vie au quotidien.

Vos idées peuvent devenir tellement claires que c'est comme si vous aviez un téléphone céleste intégré à votre corps. Mais ce téléphone a toujours été là, il est là en vous, attendant simplement d'être reconnu pour ce qu'il est, sagement installé en votre sanctuaire à attendre que vous décrochiez !

Nous canalisons tous par nature

Vous me direz qu'il n'est pas toujours facile de faire la différence entre nos pensées et nos idées.
Déjà, comme ça fait certainement longtemps que vous vivez sans faire cette différence, il va vous falloir du temps pour retrouver cet automatisme et vivre consciemment avec lui. On n'apprend pas à piloter un avion en deux heures !
Cela demande du temps, de la persévérance et beaucoup de bonne volonté.
Il vous faudra redoubler d'efforts au lieu de vous laisser décourager.
Ensuite, vous ne vous rendez pas compte à quel point vous les entendez. Tout geste, toute matérialisation, réalisation, création ou mouvement est, à l'origine, la manifestation d'une idée.
L'humain, par nature profonde, canalise.
Par exemple, les idées ont ensemencé notre planète et les règnes sont devenus manifestés, comme les minéraux et les végétaux, à la suite du travail d'entités qui véhiculent simplement les idées du Grand Principe que je vais nommer ici l'Esprit (on peut aussi l'appeler l'Amour universel, le Tout, Dieu...).
S'il existe aujourd'hui sur la planète des maisons, des voitures, des chaises, des tables, des chaussettes... c'est parce que l'humain a canalisé toutes ces idées et qu'il les a ensuite manifestées !
La grande différence du temps que nous expérimentons aujourd'hui, c'est qu'il est en train d'en devenir conscient. Et donc, peu à peu, il se développe consciemment et intimement avec la Source. Des humains qui n'ont pas de Source en eux n'auraient même pas l'idée de se nourrir !

ET SI C'ÉTAIT L'INSTINCT ?

Je vous répondrais comme mes guides : «**in**-st-**in**-ct», soit deux fois « dedans », en français (pour le *in* latin), le 2 étant le chiffre de la maison intérieure en numérologie sacrée.
Ainsi, « instinct » est une référence à la maison intérieure, donc une référence à l'Esprit. On peut remercier l'Esprit qui nous dit de nous nourrir !
On peut trouver mille manières d'expliquer les choses, ce sera toujours celle de l'Esprit.
Nous canalisons car nous sommes conçus pour canaliser.

L'ENSEIGNEMENT D'OMRAAM MIKHAËL AÏVANHOV

Pour venir vous incarner, il vous a fallu un corps, trouver un moyen qui permettait au corps de pouvoir accéder à l'Esprit, pour que le Grand Principe puisse piloter et être ainsi présent dans la matière, par toutes les idées reçues et ensuite manifestées par ce corps de chair.

Il a donc fallu un récepteur d'idées : votre âme !

Si j'écoute mon âme, j'écoute l'Esprit. Quand j'écoute mes idées, mes intuitions, ma petite voix, mes mouvements inconscients, mes réflexes... Je manifeste l'Esprit dans la matière !

Donc ne cherchez pas à essayer d'écouter l'Esprit puisque vous le faites déjà. Cherchez plutôt à reconnaître quand votre corps est en train de manifester l'Esprit.

EXEMPLES DU QUOTIDIEN OÙ VOUS ÊTES GUIDÉ PAR L'ESPRIT

- Vous êtes en train d'écrire quelque chose que vous n'avez jamais écrit auparavant : c'est L'Esprit qui vous guide.
- Vous êtes en train de préparer un gâteau : c'est L'Esprit qui vous guide. Le gâteau lui-même est une invention originelle de l'Esprit qui a suivi le processus de manifestation comme toute chose dans la matière : un jour, un humain s'est demandé (inconsciemment, en sa maison intérieure) quoi faire de bon pour le dessert et l'Esprit lui a donné l'idée d'une recette de gâteau. L'humain l'a manifestée dans la matière et a regardé le gâteau cuire dans son four.

L'humain inconscient s'est attribué toutes les inventions de la planète alors qu'il est en fait l'Esprit manifesté.

Quand on inclut l'Esprit en tout, en nous, on libère les ENVIES. On s'immerge dans le courant de la vie car on le voit amener à nous des courants d'idées, de mouvements, de projets, de pistes... Ce sont tout autant de canalisations de l'Esprit qui se retrouvent mentalisées et soumises au détecteur de « possibilités ».

COMMENT LE MENTAL FREINE LE COURANT DE L'ESPRIT ?

Exemples :
« Waouh ! J'ai trop envie de voyager au Togo ! » → Esprit.
« Je ne pense pas avoir les ressources nécessaires pour réaliser ce projet. » → Mental.
Mais si le mental continue à voguer sur les envies :
« Tiens, j'ai envie d'aller me balader dans ce centre commercial. » → Esprit.
« Tiens, je vais entrer dans cette agence de voyage. » → Esprit.
« Tiens, je la connais cette dame ! » → Esprit.
« Tiens, tout s'emboîte et mon projet se réalise ! » → Esprit.
Si maintenant le mental fait cavalier seul :
« Bon alors, il faut que je trouve un moyen d'avoir l'argent pour partir. » → Mental.
« Il faut que je regarde la date à laquelle ça coûte le moins cher. » → Mental.
« Il faut que j'aille chiner les bons plans. » → Mental.

Le mental va quand même et toujours travailler avec l'Esprit car lorsqu'il prend les rênes, il peut avoir des idées comme chiner les bons plans, regarder les dates... Cependant, comme il a décidé de maîtriser le courant, il porte atteinte directement à sa perfection et risque de le détourner, de le modifier légèrement ou de le ralentir.
L'Esprit va toujours apporter chaque étape de chaque réalisation, de la plus petite à la plus grande. Il est la perfection de tout ce qui se profile en vous et devant vous. Ainsi, chercher à contrôler cette perfection est impossible.

« L'esprit travaille sur la matière par l'intermédiaire de l'âme. L'âme est un instrument pour l'esprit, un instrument dont il se sert pour atteindre le plan physique, car lui, ne le peut pas. Seule l'âme a la possibilité de toucher la matière, et c'est donc à travers elle que l'esprit peut modeler la matière, la façonner, lui donner des ordres. Sans l'âme, sans les possibilités de l'âme, l'esprit n'a pas de pouvoir sur la matière. »

Omraam Mikhaël Aïvanhov

Les champs de fréquence auxquels vous vous reliez

CULTIVER UNE VIE DE LUMIÈRE

Depuis la nuit des temps, des êtres qui n'habitent pas sur Terre en même temps que nous viennent nous visiter ou entrer en contact avec nous pour diverses raisons. Ils nous délivrent des informations, nous donnent un coup de pouce, nous apportent leur aide. Quand nous parlons des guides ou des extra-terrestres, il est essentiel de ne pas mettre tout le monde sur un pied d'égalité. Il n'y a aucun jugement de valeur ici. Tous les extraterrestres n'ont pas atteint un niveau très élevé d'évolution.

Ainsi, quand nous nous « branchons », nous nous connectons à certaines fréquences. Il est important de comprendre qu'il existe une hiérarchie et différentes vibrations. Le mot « guide » a été galvaudé, est devenu un mot générique « fourre-tout », et il est facile de perdre son propre pouvoir d'orientation. Dans *Ami, l'enfant des étoiles*, d'Enrique Barrios, il est écrit : « Je ne peux pas te dire mon prénom, car nous ne parlons pas la même langue, mais appelle-moi Ami, car c'est ce que je suis pour toi. Je suis votre ami. »

Cela signifie que cet « ami » est une espèce si civilisée, si développée, qu'il prête main forte aux êtres moins évolués sur son chemin, parce que tout simplement il vit sous la loi de l'Amour et de la fraternité.

Dans *Les Arcanes de l'Univers - Tome III*, Dolores Cannon évoque cela : une personne sous hypnose entre en contact avec des êtres désireux d'aider l'humain. Quand elle demande comment les appeler, ils répondent de la même façon : « Appelez-nous amis parce que c'est ce que nous sommes. » Ainsi, n'hésitez pas à les considérer comme des amis, des frères ou de la famille. Il règne un esprit de fraternité dans cette aide au quotidien.

✷ Se relier aux bonnes fréquences

Les membres de notre équipe lumineuse n'appartiennent pas tous aux mêmes champs de fréquence.

Prenons l'exemple des différents corps énergétiques : le corps physique, le corps éthérique (la petite enveloppe reliée au deuxième chakra), les corps émotionnel et mental dans lesquels nous passons la majeure partie de notre temps lorsque nous ne sommes pas encore connectés à l'Esprit. À ce stade, nous n'allons pas encore dans les régions plus subtiles de notre Être et nous ne nous connectons

pas avec une conscience plus élargie et plus vaste de notre appartenance au Tout. Nous avons ensuite le corps causal, le corps bouddhique et le corps divin. Chaque chakra est relié à un plan. Même si nous avons sept corps, il n'y a pas que sept plans. En réalité, il existe douze niveaux (voir schéma ci-après).
Ce que nous voulons, c'est nous relier aux bonnes fréquences afin de pouvoir fusionner intérieurement et avoir une vie lumineuse.

✷ Les corps supérieurs de notre conscience

Lorsque nous ne connectons pas notre conscience avec les corps supérieurs (ceux reliés aux chakras supérieurs), les corps mental et émotionnel sont alors alimentés par la personnalité, le bas-astral. Or, c'est avec les corps supérieurs que nous pouvons canaliser, insuffler et recevoir l'inspiration des plans de lumière.
Si nous ne sommes pas encore allés vers ces étages-là, nous ne pouvons pas vraiment croire à ces présences divines et les manifester. Imaginons par exemple une maison où nous n'aurions jamais vu l'énorme pièce qui se trouve sous les

combles, un grenier déjà parfaitement aménagé. Nous serions restés au sous-sol, dans la cave ou encore au premier étage sans jamais nous être aventurés plus haut.
Nous alimentons les mêmes plans, comme le corps mental ou émotionnel, et nous vivons notre vie à travers ces corps. Il est donc essentiel de surveiller nos pensées et nos émotions pour modifier notre conscience.

TECHNIQUES POUR SE RELIER AUX PLANS DE LUMIÈRE

Nous sommes des humains qui avons déjà avancé et atteint un certain degré d'évolution. Nous avons déjà compris certaines choses. Quand nous sommes au stade mental, nous nous évertuons à restituer des connaissances, apprendre et tout faire à travers le mental. Tout est réalisé, manifesté par la personnalité, qui elle-même est nourrie par le mental.
Nous sommes actuellement arrivés à un tournant où l'humanité doit transiter pour passer du mental à l'Esprit, c'est-à-dire que le mental doit se soumettre enfin à l'Esprit. Nous n'y sommes pas encore. Nous sommes toujours dans les tribulations du mental, les tribulations égotiques.
Je souhaite vous communiquer des outils très simples pour savoir comment se connecter à ces plans de lumière.

✸ Comment conscientiser le plan subtil pour s'y relier en permanence ?

Par exemple, dans notre maison, nous savons qu'il faut parfois ouvrir les fenêtres, passer le balai, épousseter... Vous pouvez conscientiser que la maison que vous habitez est simplement la manifestation de votre maison intérieure. L'humain ne fait que reproduire. Nous trouvons normal de faire le ménage chez nous. Mais pour le nettoyage intérieur, c'est plus compliqué ! Et pourtant, tous les jours, vous vous lavez les mains, vous faites votre toilette, vous prenez une douche. Tous les jours, vous avez conscience que des saletés peuvent s'accumuler sur votre peau et qu'il est souhaitable de vous en séparer pour vous rendre propre, tout simplement.
L'humain s'arrête au plan physique, aux chakras inférieurs, à la forme et à l'aspect des choses. Et si vous appliquiez cette hygiène de vie intérieurement ? Quand vous faites quelque chose physiquement, posez-vous la question de savoir si vous le faites aussi intérieurement.

SOUS LA DOUCHE

Quand vous prenez une douche, demandez-vous si vous êtes aussi en train de le faire sur le plan subtil, si vous n'auriez pas besoin de vous laver intérieurement aussi. Prendre une douche procure un bien-être intérieur, consciemment ou non. L'eau coule sur votre peau et, mélangée à du savon, permet à certaines particules d'être évacuées. Vous avez besoin d'un élément extérieur, qui fait partie du Tout, pour vous nettoyer, transformer votre peau et la rendre originelle. Tant d'astuces se cachent dans le quotidien...
La couleur de l'eau est toujours représentée par du bleu alors qu'elle est transparente. Vous pouvez très bien prendre votre douche avec cette vibration du bleu et cette transparence, conscientiser que l'eau qui coule sur votre corps existe aussi dans le monde subtil. Elle va venir purifier vos plans mental et émotionnel. Cette eau vient laver votre plexus et votre chakra de la gorge. Vous lavez toutes ces pensées, tout ce dont vous n'avez pas besoin intérieurement. Vous les laissez s'écouler et rejoindre la terre.
Vous pouvez aussi prendre une douche de lumière.

Ce qui existe dans la matière existe également dans le monde subtil. Il est donc important de savoir si nous appliquons ce que nous faisons aussi intérieurement.

L'EXEMPLE DU LINGE

Vous êtes en train d'étendre le linge dehors, en pleine nature. Vous prenez des habits mouillés, froissés, compressés. Que symbolisent ces vêtements ? Des couches dont nous recouvrons notre corps pour nous protéger ou nous donner une apparence. Nous les utilisons par confort, commodité et sociabilité. Ils peuvent révéler quelque chose. Je conscientise en réalité ce que je suis en train de faire. Je pose les vêtements sur un fil. Dans la tranquillité de la nature, le vent va venir les sécher. Je viens peaufiner leur transformation. Ces vêtements ont récolté des pensées, des émotions. Ils ont été chargés de toute cette énergie-là. Prenez-vous conscience de cela quand vous mettez un vêtement au sale ?
Ainsi, vous conscientisez que vous avez lavé et purifié le linge. Intérieurement, vous êtes aussi en train de prendre les choses et de les étendre, de les mettre à plat finalement. Que va-t-il se passer ? La pesanteur causée par l'eau va devenir de l'air. Vous êtes en train de réaliser une transmutation.

✷ Se relier aux plans subtils à chaque instant du quotidien

- **Relier aux plans subtils tout ce que vous faites au quotidien.** De cette manière, vous vous rattachez à des sphères de plus en plus hautes, vous étendez votre conscience, vous vous reliez à des champs de fréquence supérieure en vous.
- **Garder à l'esprit que ce que vous faites machinalement sur le plan physique a aussi une réalité supérieure sur le plan subtil.** De cette façon, vous rejoignez toujours cette pratique intérieure quotidienne que vous avez avec vos premier, deuxième et troisième chakras, c'est-à-dire votre pratique quotidienne avec vos sentiments, vos émotions, votre physique. Vous les rejoignez avec votre chakra du cosmos, celui qui vous relie au Tout. À chaque fois, intériorisez-vous avec ce que vous faites et posez-vous la question : ce que je fais là, suis-je en train de le faire aussi dans les régions supérieures de mon être ?
- **Saisir les enseignements profonds du quotidien**. Si nous les regardons simplement avec nos chakras inférieurs, nous ne percevons pas les enseignements profonds de la vie subtile et des hauts plans de lumière. Ainsi, je vous invite à prendre conscience de toutes ces applications quotidiennes.

BOIRE À LA SOURCE

Quand vous buvez de l'eau, vous réhydratez votre corps. Cette eau vous fait vivre. C'est une énergie liquide, vibrante, qui est descendue dans les fréquences pour devenir cette fréquence liquide. En réalité, vous êtes en train de vous abreuver à la source. Votre corps physique a soif et vous êtes obligé de boire à la source cette bonne eau qui va vous donner tout ce dont vous avez besoin. L'âme a soif. Cela signifie par exemple que, si vous êtes chez vous le soir, à vous « abreuver » mentalement d'informations médiatiques, c'est la nourriture que vous vous donnez intérieurement. Aussi je vous invite à vous dire : « mon âme aspire à la lumière, à l'expansion, je vais lire des choses qui m'inspirent, qui m'élèvent... », plutôt que de nourrir votre colère en regardant des images violentes, par exemple, qui vous éloignent de la Source, comme si vous oubliiez de boire de l'eau.

✷ Développer votre conscience intérieure vous relie aux Êtres de lumière

- À force de conscientiser ce travail intérieur, de vous occuper de votre hygiène intérieure, des entités des mondes de lumière se sentent de plus en plus proches de vous et sont attirées par cette nouvelle place, cette nouvelle disponibilité, cette nouvelle lumière qui émane de vous.
- Vous aurez toujours l'impression d'être merveilleusement bien accompagné. La vie devient plus simple, tout coule de source, plus calmement, c'est plus facile. C'est comme mettre une pièce dans votre tirelire intérieure, chaque jour, toute votre vie.
- Vous avez accumulé de la lumière, vous avez fait du tri. Vous avez fait attention à ce qui transitait en vous. Au moment de partir, vous serez serein puisqu'une ribambelle d'entités des plans de lumière sera là avec vous. Vous êtes en famille, vous êtes bien. Voilà ce qu'il est important de comprendre. C'est pourquoi il est primordial de prêter attention aux plans auxquels nous nous relions.

✷ Comment activer votre conscience intérieure ?

- Être bienveillant, être souriant, être compatissant, être dans l'aide, dans la fraternité, être vraiment dans le don et l'Amour…
- C'est ce qui vous permet de prendre l'échelle pour aller dans les plans de lumière, recevoir cette lumière et être nourri par ses rayons. Quand vous buvez, ne vous dites plus « je bois parce que j'ai soif ». Quand vous mangez, vous pre-

nez soin de choisir vos légumes, cette tomate cœur de bœuf magnifique. Vous avez cette passion de choisir les meilleurs ingrédients pour votre salade. Et intérieurement ? Choisissez-vous aussi la bonne nourriture ? Regardez-vous, lisez-vous, écoutez-vous ce qui vous met en joie, ce qui vous nourrit, vous fait du bien ?

✷ Comment la lumière fonctionne-t-elle en vous ?

Voir le beau en chacun

Nous nous relions à des sphères subtiles en permanence. Plus vous faites le tri et de la place, plus vous verrez autour de vous les personnes qui ne le font pas. Comment pouvons-nous les aider ? Les reproches sont inutiles car ils incitent à plus d'encombrement intérieur encore. En revanche, vous pouvez pointer les jolies choses : « tu as vraiment une belle peau, ta voix est magnifique, tu sais écouter les gens… » Il y a toujours quelque chose de splendide en chacun. Voyez ses qualités et pointez-les. C'est ce qui est important. Nous devons le faire pour nous comme pour les autres.

Se relier aux fréquences d'Amour et de lumière

Si l'on veut faire pousser des roses dans son champ, on a plutôt intérêt à semer des graines de rosier. Si l'on veut de la lumière, mettons de la lumière ! C'est l'Amour, la lumière qui est perfection. Et nous voulons simplement nous abreuver de cette perfection, nous en nourrir et nous relier à ces plans-là pour grandir en conscience. Voilà ce que nous sommes venus faire ici. Ces plans de fréquence sont habités par des tas d'entités. Ouvrez les yeux. Nous sommes capables de toucher, de voir beaucoup plus loin que nos corps physiques. Toutes les strates sont peuplées d'êtres. Donc, si vous allez tout en bas, dans les tréfonds, dans les abîmes, vous y trouverez des entités qui sont dans la même énergie. Regardez comment nous attirons ces personnes-là.

Faire de la place intérieure pour attirer les entités des plans élevés

Vous verrez que le tri se fait tout seul dans l'Univers. Ce sont simplement les champs de fréquence qui se manifestent. Sur tous les plans de la création existent des entités ; plus le plan est élevé, plus les entités sont lumière. Plus vous faites de la place à l'intérieur et plus elles vont tourner autour de vous. Plus vous vous rendez lumineux, vous vous élevez intérieurement, plus vous faites ce travail de maîtrise intérieure, d'acceptation, plus vous lâchez le contrôle, plus vous cultivez de belles énergies. Plus nous nous consacrons à ce travail et plus nous attirons des entités élevées. Nous dégageons le plan mental pour aller toucher des vérités qui sont toujours plus profondes. À chaque fois que vous rencontrez une entité lumineuse, vous voyez qu'il y a des entités encore plus lumineuses. Ça ne s'arrête jamais.

Chacun vibre à sa propre fréquence

C'est pourquoi tous les extraterrestres, les guides, les maîtres ne sont pas au même niveau. Nous vibrons tous à notre propre fréquence. À notre échelle, nous allons éclairer celui qui est un petit peu plus jeune que nous en conscience. Sur mon chemin, je peux laisser un sillon qui va éclairer certaines personnes et, moi-même, je suis éclairée par d'autres personnes.

Tout évolue tout le temps à partir du moment où vous faites ce lien permanent avec le monde intérieur qui se déroule autour de vous. Toujours.

Établir l'harmonie et la paix en vous

Quand ce travail est quotidien, nous touchons chaque jour les strates les plus hautes et les plus lumineuses. Plus ça va et plus nous allons haut. Le but n'est pas de montrer que nous accédons à ces plans mais d'être intérieurement de plus en plus léger et en paix. La source du bonheur est la paix intérieure, c'est la stabilité intérieure, c'est quand l'harmonie et la paix s'établissent à l'intérieur de nous. Naturellement, nous devenons accros. Nous estimons que cela ne vaut pas la peine de se faire du mal en pensées, en actions et en émotions. Parfois, cependant, nous avons besoin d'avoir une petite session où nous allons cultiver de mauvaises pensées parce que nous sommes encore en train d'apprendre. Nous avons quelquefois la nécessité de traverser un état de déprime, de détresse, pour en retirer une force. Il est inutile de culpabiliser quand nous vivons des états contraires, des états de non-amour, car ils nous enseignent cette puissance intérieure justement. La matière est la conséquence des plans subtils. La vraie victoire a lieu une fois que vous vous dominez vous-même à l'intérieur.

ENTENDRE LES GUIDES OU PAS ?

Même si cela peut arriver, il ne nous est pas demandé de chercher à entendre nos guides de manière audible. Surtout qu'une voix sur une fréquence comme la 5/6D est complètement inaudible pour une oreille en 3D. Les voix des guides ne font simplement pas partie de notre champ audible par les outils 3D de notre corps. Et sachez que les guides, et encore plus les anges, ne parlent presque pas.

Les guides m'ont expliqué qu'ils communiquent par vibrations entre eux (ce qu'on a tendance à appeler télépathie), c'est bien plus pratique et rapide. Ils ont donc perdu l'habitude de s'exprimer par leurs cordes vocales comme nous.
En revanche, comme ils ont développé et qu'ils continuent de développer chacun de leurs potentiels, ils ont pu dévoiler une très large gamme de sons vocaux dont ils se servent pour chanter lors d'évènements et de cérémonies où ils utilisent la synergie des vibrations vocales pour créer une onde bienfaitrice. C'est ce qu'ils appellent « Les Chants à L'UNI-SON ».
Vous m'aurez comprise, ce n'est pas la peine de vous mettre dans un état de transe, vous n'avez pas eu besoin de méditer des heures pour avoir l'idée de préparer une fournée de cookies... C'est aussi simple que ça !

« Je peux t'emmener à la source mais je ne peux pas la boire à ta place. »

Bouddha

Comprendre, conscientiser et purifier votre aura

Comme un oignon, nous sommes faits de nombreuses couches que nous alimentons souvent de manière inconsciente. Si vous êtes merveilleusement nourri dans tous vos corps, vous disposerez d'une aura magnifiquement lumineuse, se rapprochant du blanc, et de plus en plus dilatée. Une personne à l'aura dilatée est dans sa Lumière, son Amour, elle rayonne. En revanche, avec une aura moins dilatée, elle peut difficilement projeter cette lumière. Elle n'en émet pas l'intention et ne s'en sert pas. **Il existe donc un lien évident entre votre aura et votre degré de conscience.**

QU'EST-CE QUE L'AURA ?

L'aura constitue votre protection élémentaire. Elle est directement liée à votre conscience et à votre nourriture sur tous les corps. Ainsi, vous avez complètement la charge de cette protection naturelle. Elle ne vise pas à nous protéger d'agressions extérieures mais elle est là comme une flamme. Elle est votre vérité, votre essence, votre bouclier naturel.

L'aura est composée de plusieurs couches car elle est le reflet de plusieurs corps : physique, émotionnel, spirituel, éthéré... Le corps physique est la partie visible de l'iceberg et ne représente qu'un fragment de votre Être. Il est soumis à la matière : il peut se casser, s'abîmer, être douloureux. Il est le plus vulnérable de tous nos corps.

L'aura n'est pas toujours harmonisée, elle est fréquemment décalée, rétrécie... Il est très délicat de maintenir continuellement une aura en harmonie. Nous avons déjà du mal à nous alimenter de manière saine, même si nous faisons attention.

COMMENT PURIFIER VOTRE AURA ?

Sans chercher à tout prix à purifier notre aura en permanence, nous avons un rôle essentiel à jouer : être de plus en plus conscient. Plus vous serez conscients et plus vous illuminerez des parts en vous-même, qui illumineront encore plus votre aura à leur tour.

Si votre aura est de plus en plus dilatée, votre corps de plus en plus léger et vos cellules de plus en plus vibrantes, votre manière de vous alimenter a de fortes chances de changer. Certains aliments que vous mangiez tout le temps peuvent alors vous répugner. Pourquoi ? Parce que votre vibration entière s'est modifiée.

Nous avons été surentraînés à voir le négatif, à expérimenter le côté sensationnel, à être manipulés par notre émotionnel. Mais une fois que l'humain reprend la maîtrise de son corps émotionnel, il arrête de voir le négatif partout, de s'en nourrir et de se faire piéger par les manipulateurs. Une personne complètement en phase avec son émotionnel a une quiétude intérieure qui ne s'altère plus aussi aisément. Une personne complètement projetée dans sa Lumière ne prendra pas l'obscurité en plein cœur. Elle sera reprojetée à l'extérieur.
Plus votre aura est dilatée dans cet espace lumineux intérieur et moins vous pouvez prendre les choses personnellement. Vous les prenez avec davantage de bonté, de recul, de lâcher intérieur doux et bienveillant. Vous vous infligez moins de mal avec les situations que vous vivez.

VOTRE AURA EST LE REFLET DE VOTRE CONSCIENCE

Quand quelque chose s'illumine en vous, vous vivez tout à coup une prise de conscience. Un pan entier s'ouvre à l'intérieur de vous et soudain tout s'éclaire. Quand votre conscience prend du volume, votre aura se dilate en même temps. Elle peut à l'inverse se rétrécir si, par exemple, vous ne vous sentez pas en sécurité, quand vous êtes dans la méfiance, la crainte, la suspicion. Et quand votre aura se rétrécit, vous vous sentez encore moins en sécurité, c'est un cercle vicieux.
Notre aura répand des particules auriques, lumineuses. Nous pouvons avoir un impact considérable avec notre rayonnement. Une personne peut, à elle seule, tout changer. Plutôt que de chercher à se protéger, cherchons à répandre les particules lumineuses. Pour cela, il faut être lumineux à l'intérieur de soi.

COMMENT DILATER VOTRE AURA ?

En dilatant votre aura, vous pourrez aussi purifier non seulement la pièce dans laquelle vous vous trouvez mais la totalité de votre maison, et pourquoi pas votre quartier et votre ville !
Pour dilater votre aura au maximum, il suffit de vous mettre dans un état intérieur d'harmonie avec tous vos corps.

- **Adoptez un état émotionnel calme** et propice à une élévation.
- **Faites le vide dans vos pensées,** dans votre esprit. Si vous n'y arrivez pas totalement, essayez de donner moins d'importance à toutes les tribulations de pensées qui peuvent surgir. Observez-les, mais ne leur donnez pas d'importance, ne vous y impliquez pas.
- **Entrez maintenant dans votre Lumière à l'intérieur :** centrez-vous et visualisez une sorte de boule lumineuse, un univers constellé de millions et de millions

d'étoiles, des milliards et des milliards de soleils et des planètes à l'intérieur de vous qui créent une vie sublime. Sentez cette vie à l'intérieur de vous. Cette vie est à l'intérieur de chacun, elle est en harmonie avec notre planète, qui est en parfaite harmonie avec le système solaire, lui-même en parfaite harmonie avec le système central, un énorme soleil dans lequel vous vous trouvez aussi maintenant. Tout cela est complètement en harmonie dans le petit univers dans lequel vous vous situez. Tout cela vibre parfaitement en harmonie. Vous êtes tout cela en même temps. Vous êtes un petit univers au milieu de plein d'autres petits univers. Tous ces multivers sont à proximité d'autres multivers qui vibrent totalement l'harmonie. Vous êtes dans l'infini. Vous êtes l'Un-fini. Votre Lumière est Un.

- **Ouvrez les yeux,** observez votre aura.
- **Revenez doucement à vous.**

Il existe de nombreuses méditations que vous pouvez faire seul, avec votre propre guidance (ou encore via le QR code des visualisations et entraînements audio disponible p. 6). Allez dans votre inspiration et visualisez vous-même cette petite histoire qui va faire dilater votre aura. Mais, d'une manière générale, c'est au quotidien que vous devez veiller sur elle en donnant, en diffusant :

« Je rayonne, je donne, j'illumine en abondance. »

Communiquer avec les guides

CHAPITRE II

Qui sont nos guides ?

UN GUIDE N'EST PAS UN ANGE !

La différence entre les deux est très importante.
Un ange est une entité faisant partie du monde des Séraphins, qui est extrêmement varié et complexe, à l'image de l'Univers, bien que simplissime dans sa pureté originelle.
Il a, comme nous, une mission bien définie. La grande différence, c'est qu'un ange n'a jamais été incarné. Il est un fruit de la Source. Il choisit naturellement sa voie par résonance.
L'ange peut choisir de s'incarner dans la volonté de faire émerger la lumière au cœur de la matière. Il entame ainsi le parcours évolutionnaire que nous connaissons. Il se perfectionnera par la Source en lui, poursuivra dans les plans supérieurs, deviendra guide, maître.
Nous sommes tous ces anges incarnés car nous avons tous fait ce choix ! Les anges qui ne prennent pas cette voie ne travaillent pas tous pour les humains. Ou pas directement en tout cas. Certains travaillent par exemple dans les sphères des maisons, là où notre âme retourne entre les incarnations.
Il y a aussi le très célèbre ange gardien qui surveille une personne ou un collectif. Comme son nom l'indique, il est destiné à préserver celui ou ceux qu'il garde pour mener au mieux leur expérience de vie.
Il se sert pour cela de lois supérieures aux lois physiques pour dénouer positivement les situations problématiques de ses protégés. Mais toute situation est unique et toute action aussi.

QU'EST-CE QU'UN GUIDE ?

C'est avant tout une entité qui s'est déjà incarnée. Et c'est justement pour cela qu'elle donne la direction, elle comprend la matière car elle en a l'expérience.
Nos guides changent à mesure de notre évolution. Quand je rencontre une personne, je parviens à discerner le ou les guides qui l'accompagnent. À force d'observation, voici les règles que j'ai relevées :

- **Une personne dont la conscience est endormie a souvent pour guide une personne qui a été incarnée dans sa famille terrestre :** une grand-mère, un grand-oncle ou parfois un parent au troisième degré. Cette proximité de « cellule » (de matière) crée un lien fort, bien qu'inconscient. Ainsi, la personne reçoit naturellement des idées envoyées par son guide, même si elle se les attribue par ignorance. Ces guides ont l'apparence qu'ils avaient dans leur dernière incarnation mais ils sont tout lumineux, une lumière blanche émane de leur intérieur et leur visage est gracieux et apaisé ! Ils ne manquent jamais de faire coucou et remarquent toujours que je les vois. Ils m'ont expliqué qu'ils revenaient de leur propre volonté et seulement avec l'autorisation des autorités supérieures. Cela signifie qu'ils doivent avoir vécu assez d'expériences et avoir un certain stade de conscience pour pouvoir guider un humain dans sa vie incarnée.
- **Une personne jeune éveillée est la plupart du temps accompagnée par une entité de sa famille d'âmes.** Elle peut aussi être de la même famille terrestre. Parfois, elle ne s'est incarnée que très rarement à ses côtés mais le lien est toujours très fort. J'ai vu parfois des habitants d'Atlantide, de Lémurie, des Aztèques, des Amérindiens, des tribus plus éloignées, des gens d'Asie traditionnelle ancestrale, une diversité incroyable, des costumes improbables, des gens de toutes les tailles et de toutes les origines ! Eux aussi sont vraiment merveilleux. Ils n'en sont pas à leur premier humain à guider. Mais à chaque fois, l'être qu'ils guident fait partie de leur famille d'âmes et ils en sont conscients. Ils me disent qu'ils guident les humains qui atteignent une conscience réveillée, les humains qui leur parlent à l'intérieur, ceux qui se parlent à eux-mêmes (du genre « S'il vous plaît, aidez-moi ! ») ou qui prient naturellement depuis leur naissance. Plus les gens sont éveillés et plus le guide de la famille d'âmes a de l'expérience.
- **Dans son parcours d'évolution consciente, l'humain va progressivement changer de guide suivant les phases de son évolution.** Parfois, il gardera un guide très longtemps et parfois même n'en changera pas. Cela dépend aussi de ses choix de cœur ou d'individualité. Plus il manifestera l'écoute intérieure, plus il se liera à la Source en lui et développera sa conscience. S'il fait le choix d'écouter sa personnalité, il se heurtera à l'extérieur comme une limite inhérente. Son guide sera toujours là pour l'accompagner mais respectera son libre arbitre. Moi-même, j'ai assisté au passage (le pas du sage) de mes guides à un autre guide que j'ai reconnu instantanément.

LES MAÎTRES ASCENSIONNÉS

J'entends beaucoup parler de maîtres ascensionnés mais j'ai remarqué que parfois ce terme est utilisé pour bien autre chose.

✷ Nous escaladons la montagne !

Nous sommes des êtres qui évoluent et ascensionnent : lorsque nous arrivons à nous perfectionner jusqu'à un nouveau plan de conscience, nous changeons naturellement de plan. Pas uniquement avec notre esprit mais tout notre véhicule de matière, à travers toutes nos cellules. La perfection doit être totale en notre fréquence pour en changer. Tout notre corps change de plan et de dimension par l'augmentation de ses vibrations.
Si je tends un élastique et que je le lâche, son mouvement sera tellement rapide que je ne le verrai plus. Eh bien c'est la même chose, le corps de chair devient si subtil qu'il change de fréquence. Il devient invisible par rapport à son ancienne fréquence.

✷ Qu'est-ce qu'un maître ascensionné ?

C'est simplement un humain incarné qui a terminé son chemin d'évolution en notre fréquence de matière pour la poursuivre sur le plan de sa nouvelle vibration. Alors oui, les plus connus sont Jésus, Marie, Bouddha, Moïse... mais ils ne sont pas les seuls !
Il y a beaucoup d'humains d'anciennes civilisations qui ont ascensionné. J'ai rencontré des Incas, par exemple, ou encore des Mayas. Il y a aussi certains Atlantes de la cité sous-marine où je me suis rendue durant un voyage et que j'ai décrite dans un article il y a quelques années. J'ai aussi rencontré des gens d'Égypte qui sont venus à ma rencontre dans ma chambre un soir, ceux qui ont le crâne allongé et dont on a retrouvé certains squelettes. Ils étaient une forme incarnée très avancée dans leur parcours d'incarnation. Ils ont enseigné à certains humains en leur temps et ils sont beaucoup à nous aider et à nous guider de l'autre côté, afin de faire remonter les mémoires et émerger la conscience. Il y a aussi ceux de l'intra-terre, la liste est longue !

✷ Un maître ascensionné comme guide

J'ai remarqué, par mon propre cheminement, que certains éveillés qui ont développé une belle conscience, et en particulier une communication claire, une véritable passerelle intérieure entre les différents plans, ont des maîtres ascensionnés comme guides.

Le maître, qui n'est pas forcément connu, n'accompagne pas nécessairement une seule personne incarnée. Son grand savoir et son indépendance au temps et à la distance lui confèrent des possibilités quasi-infinies. « Quasi-infinies » car le parcours initiatique n'est jamais fini, même pour lui !
Mon maître, par exemple, je l'ai reconnu lorsque l'on m'a mise sur la voie d'un livre[1] dont le contenu m'a laissée bouche bée. Je le connais depuis toujours et je devais évoluer pour pouvoir à nouveau lui parler en conscience. Il s'est alors présenté à moi, là où je pouvais « refaire » sa rencontre naturellement.
Ce qui a grandement changé lorsque j'ai été accompagnée par un Maître, c'est qu'il cherche toujours à développer ma propre communication avec moi-même. Il souhaite toujours m'amener bien au-delà de mes propres réflexions et à être de moi-même dans tout le « faire ». Le Maître se sert de cette passerelle intérieure pour faire évoluer le corps de matière, lui-même et à travers toute chose : j'apprends les éléments en moi pour la maîtrise des éléments à l'extérieur, tout en apprenant à unifier les deux en une même source, notre source originelle, la Source en nous. Le maître m'enseigne à reconnaître toute division en chaque chose, chaque situation, chaque événement, tout ce que je peux voir, sentir, écouter, goûter ou ressentir, pour rétablir l'union.
C'est cet appel que j'ai reconnu, que je poursuis et qui m'a demandé un retrait. Il y a une rigueur qui s'installe et chaque seconde prend une proportion d'enseignement précieux.

✷ De plus en plus de maîtres guides

J'ai rarement vu des maîtres guides lorsque je me promène ou au fil de mes rencontres, mais j'ai tout de même pu remarquer qu'il y en a de plus en plus.
Il y a aussi évidemment ceux qui interviennent par les prières, les demandes du cœur, les appels de tous les êtres humains. Mais dans ce cas, je les vois apparaître, eux ou leurs énergies, ou encore des maîtres enseignés par leurs maîtres eux-mêmes, qui interviennent instantanément. Dans ces cas-là, je les appelle des « intervenants ».

✷ Les différents types de guides

Ils peuvent être vraiment différents suivant les situations. Par exemple, durant les soins, je vois souvent des intervenants venir pour une action bien précise. L'intervenant peut arriver sur tel chakra, ou encore délivrer un présent, une pierre,

1. *La Vie des Maîtres*, Baird Thomas Spalding.

un médaillon, une statuette. Il y a parfois des animaux. Ils ont un travail bien précis, peuvent venir à plusieurs ou seuls, ou encore faire venir un autre intervenant. Parfois, on est toute une ribambelle !
La plupart du temps, je les reçois comme des enseignants et reste concentrée en élève consciencieuse. J'accomplis aussi ce qu'ils me demandent, comme réaliser un puits, visualiser telle couleur, tel rayon, telle forme à tel endroit... Leur savoir est d'une fabuleuse richesse et chaque intervention diffère d'une autre. Tout est absolument sur mesure, adapté à la vibration du receveur et à ses besoins.
Ils viennent de la même manière mettre en lumière des messages ou des explications d'une vie antérieure, par exemple, pour comprendre une manière d'être, un comportement, un blocage : soit ils viennent et racontent, soit ils me connectent naturellement à la mémoire et je vois les scènes comme mes propres souvenirs.
Il y aurait tellement à raconter !

Ne cherchez pas à tout prix le nom de votre guide. Notre véritable nom à tous, c'est notre vibration unique. Nous nous servons de noms car cette reconnaissance n'est pas encore consciente pour la majorité de l'humanité. Mais souvenez-vous quand vous rencontrez une personne que vous croyez connaître depuis longtemps, vous ressentez cette reconnaissance, elle est bien réelle, elle fait partie de vous !

DES GUIDES ADAPTÉS AUX CIRCONSTANCES

J'ai remarqué que beaucoup de gens, éveillés depuis peu, connaissent inconsciemment l'identité de leur guide.
Ce n'est que le manque de confiance en leurs ressentis qui fait qu'ils se (ou me) posent la question de savoir qui est leur guide. En même temps, la personne ne se limite pas à une nouvelle croyance et reste ouverte.

✷ Il y a aussi les différents chemins de développement que nous empruntons.

J'ai remarqué que les humains qui développent leurs capacités de guérison ont un guide parfaitement adapté à leur volonté de cheminement. Souvent, le guide a un grand vécu de guérisseur, une magnifique expérience qu'il partage pour encourager son protégé dans cette voie du mieux qu'il peut, et avec tout son Amour.
Quelqu'un qui canalise va être guidé par un ou des guides qui vont le former à la maîtrise de la canalisation. Comme pour le soin, il va être amené à développer

sa conscience pour rendre la transmission de plus en plus claire, lumineuse et précise.
Le passeur d'âmes travaille beaucoup avec les anges des passages. Il a souvent des guides qui ont le rôle des transitions, c'est-à-dire qu'ils aident les âmes en les accompagnant dans la traversée rendue possible par son travail, celui des anges et des intervenants. Il est bien souvent amené à développer sa communication avec les plans supérieurs mais a le libre choix d'évoluer dans ce sens ou non.
Lorsque l'humain évolue au-delà d'une capacité définie (guérison, canalisation, passage d'âmes), il unit en lui ces séparations et passe une étape de conscience.
C'est bien souvent à cette étape que s'opère un changement de guidance. Il sera guidé de plus en plus dans l'unité, se sentant de prime abord quelque peu éparpillé. Mais encore une fois, il sera parfaitement entouré sur cette nouvelle voie qui vient à lui !

Message de mon guide enseignant

« En redevenant un rêveur, je redeviens un visionnaire. »

Choisir de les écouter : le libre arbitre

C'EST QUOI, LE LIBRE ARBITRE ?

Le libre arbitre est le choix permanent entre l'idée et la pensée. C'est choisir de s'écouter ou de ne pas s'écouter. C'est choisir d'écouter son mental ou d'écouter son cœur, son esprit, son Soi supérieur.
Vous utilisez votre libre arbitre au quotidien, dans les moindres détails, la moindre de vos actions.

COMMENT VOTRE LIBRE ARBITRE VOUS AIDE AU QUOTIDIEN

Voici un exemple concret du quotidien. Vous décidez d'aller à la banque pour déposer deux chèques qui trainent chez vous depuis quelque temps déjà. Au moment de sortir, vous vient soudain l'idée d'aller voir dans votre boîte aux lettres.
Idée : « Vas-y, va voir dans ta boîte aux lettres ! »
Pensée : « Ha, non ! Ça va te retarder. Vas-y, va les déposer tant que tu es motivée, ne perds pas ton temps ! »
Voilà que sort votre carte « Libre arbitre » : choix 1, l'idée, ou choix 2, la pensée.

- **Choix 1 - Engage l'idée :** c'est la porte de la communication avec vos guides et votre « Moi supérieur » à qui vous demandez toujours plein de choses. Ce sont donc vos guides qui vous parlent. En choisissant de les écouter, vous prenez simplement ce qu'ils vous proposent, ce qu'ils vous conseillent : la réponse à tout ce que vous demandez, même si l'idée ne vous plaît pas sur le moment. C'est la Source en vous qui parle, votre antenne du 7e chakra qui capte le signal. La Source est omnisciente, omnipotente et omniprésente. Alors quand une de ses idées jaillit en vous, prenez-la et collaborez. Les idées sont toujours lumineuses quand l'âme a décidé d'évoluer vraiment.
- **Choix 2 - Engage vos peurs :** votre mental sait très bien vous les rappeler et c'est bien pour cela qu'il est si souvent très convaincant. Il va réussir à vous faire croire que vous pouvez avoir davantage confiance en vos PEURS qu'en votre ESPRIT ! Par ce choix, vous vous engagez à rester dans l'illusion du contrôle qui est en fait un déguisement de vos peurs. Tant que vous écoutez vos peurs, vous pouvez demander ce que vous voulez à vos guides, vous ne choisissez jamais de les écouter eux. Du moins, pas pour cette fois.

✷ Le libre arbitre

Le libre arbitre n'existe pas sur toutes les sphères évolutionnaires. Certaines sont des sphères que l'on appelle des sphères de 3e dimension unifiée. C'est-à-dire que les habitants de ces sphères ne connaissent pas la séparation entre le mental et l'esprit, la pensée n'est pas dissociée de l'idée.
Imaginez une journée où toutes vos idées et pensées sont bonnes, à tous les coups, car toutes issues de votre « Moi supérieur », de votre guide, de la Source. Elles ne sont pas dissociées et ne se contredisent jamais. Elles font tout parfaitement en union. Car c'est la Source qui parle à travers vos guides, les idées de tous sont donc toutes rattachées les unes aux autres, en cohérence.

Sur Terre, nous faisons une expérience qui implique notre part d'individualité. C'est-à-dire que nous pouvons nous référer à notre personne individuelle ou à notre unité. L'une ou l'autre, ou comme on le fait souvent en confrontant l'idée et notre pensée : l'une contre l'autre.
En 3D unifiée, le mental est toujours raccord avec l'esprit.
Le libre arbitre, ce ne sont pas les choix de sa vie, faire tel ou tel métier... Ce n'est pas une décision mentale entre deux directions. C'est la décision de suivre l'esprit ou la pensée. C'est le choix de suivre vos envies intérieures, celles qui émanent de votre « vrai vous » (corps supérieur). Mais c'est aussi le choix de vos peurs, celles qui vous disent que vous voulez être guérisseur mais pas passeur d'âmes, celle qui vous dit que le changement est OK mais que le financement ne tombera pas du ciel, celle qui vous rabâche que vous n'évoluez pas assez vite ou que vous stagnez... C'est ce mental qui, lorsqu'il travaille en solo, s'engouffre dans des émotions intérieures et réussit à nous faire hésiter ou réfuter l'idée au lieu de faire confiance... de Se faire confiance !
On peut tout avoir, tout faire, tout être, là, maintenant ! Oui, on peut tout choisir, mais on peut surtout et essentiellement décider de Se choisir. C'est ça le libre arbitre !
Sortons de nos croyances et de nos conceptions mentalisées qui nous font apparaître le libre arbitre et les choix sous forme de décisions matérielles.

Message des guides

*« Toutes les décisions sont d'abord en nous. Le Tout réside en nous.
Le libre arbitre, c'est trouver en nous la force de choisir la voix des hauteurs de l'Esprit à travers le cœur. »*

Se protéger et reconnaître qui nous parle

LA PLUS PURE ET LA PLUS PUISSANTE DES PROTECTIONS EN NOUS

Message des guides pour la protection

« La seule, la plus pure et la plus grande des protections réside dans le rayonnement de la foi. Crois en toi et la lumière viendra et s'exprimera à travers toi ! À mesure que tu marcheras dans la confiance, le rayonnement de ta maison intérieure, le sanctuaire de la foi, siège de la Source en toi t'entourera de sa lumière blanche, de la pureté originelle, de sa toute-puissance. Celui qui t'indique la peur répand sur l'autre la peur en soi. Si l'autre détient la fissure correspondante, la résonnance s'exprimera par la reconnaissance et la peur se frayera un chemin. Si l'autre irradie sa lumière dans la foi et la confiance absolue, le rayon pur et divin de son sanctuaire, la Source en lui créera une réverbération qui chassera l'ombre instantanément. La lumière chasse l'obscurité mais l'obscurité ne peut chasser la lumière, la lumière triomphe toujours ! Ainsi celui qui est dans le véritable « Je Suis », c'est-à-dire cette lumière divine de son Soi supérieur qui rayonne en ses cellules, se tient triomphant, humble et bon dans la sagesse et l'harmonie. »

C'est notre mental qui cherche toujours à se compliquer la vie. La pureté est simple, elle n'attend rien, elle ne demande rien, elle est là en nous, sage et patiente derrière les résistances qui lui confèrent un enfouissement faisant parler d'elle comme d'une vieille légende ou d'un conte de fées.

AVOIR CONFIANCE EN LA VIE ET EN VOUS-MÊME

Si vous marchez sur le sentier en laissant derrière vous des friandises pour les fées, vous attirerez des fées. Si vous marchez sur le sentier en laissant derrière vous des friandises pour grizzlis, vous allez attirer des grizzlis. Si vous marchez sur le sentier en laissant derrière vous des : « J'ai pas peur, j'ai pas peur, j'ai pas peur ! », vous allez attirer la peur. Si vous marchez sur le sentier en laissant derrière vous des : « Foi, Lumière, Amour, Paix, Harmonie, Confiance », peu importe ce qui se présentera à vous !

Sachez que l'être qui écoute sa maison intérieure aura toujours l'idée au bon moment.

Message des guides

« Nous, maîtres enseignants, ne formulons pas de prières de protection, notre lumière nous protège, nos corps sont unis en la lumière de Dieu. La fusion de notre être supérieur avec notre être inférieur ne laisse passer aucune ombre car il ne demeure aucune séparation. La Source en nous est le feu protecteur qui enveloppe d'amour celui qui accueille et qui envoie son reflet à celui qui résiste. Seul celui qui résiste se brûle, celui qui résonne en lui la Source s'illumine !
Lorsque vous formulez une demande de protection, vous demandez à être protégés de vos propres craintes, vos incompréhensions, vos résistances. C'est la foi que l'on dirige sur vous, pour vous envelopper du rayon protecteur que l'on active en vous. Plus la foi se développe, plus le rayonnement est grand ! C'est l'Amour que nous vous envoyons pour résonner l'Amour en vous ! »

QUELS OUTILS DE PROTECTION ?

Je n'utilise pas d'outils, j'ai confiance en ma lumière et je la répands un peu comme une magie intérieure.
J'ai vu et ai vécu des choses qui m'ont fait peur mais à chaque fois j'ai eu le bon réflexe, ou plutôt la bonne idée. Ce qui m'a permis de cultiver la confiance en moi, en ce qui vient à moi, en mes réactions, en mes guides : en l'idée !
Voici cependant ci-après les outils de protection que l'on m'a enseignés.

Le bouclier de protection énergétique

Pour se protéger, protéger son énergie, nous pouvons, par la visualisation, fabriquer dans l'astral une bulle bleue, souvent de forme ovale, comme un bouclier de protection énergétique. Cette bulle protège mais elle n'est pas une prison qui empêche les énergies incommodes de passer.
Le bleu nettoie. Le rayon bleu est la haute vibration de la vérité qui balaye toutes les mémoires et les énergies erronées. Modulé en bulle autour de son aura, il agit comme un vortex, un mouvement qui va nettoyer les impuretés autour de vous. Ce vortex va agir comme un rideau d'eau qui nettoie mais il n'est pas permanent :

tout est en mouvement ! Vous pouvez le réaliser dès que vous en ressentez l'envie… en fait si l'idée vous vient. Pour cela, demandez à votre équipe de guides, qui se fera un plaisir de le réaliser. Il suffit d'y croire, de croire en vous !

✸ La coque dorée

Mes guides m'ont enseigné la lumière OR, cette grande et très haute vibration du soleil qui réchauffe les cœurs en demande d'amour et brûle les détracteurs par la réflexion du haut rayonnement du Soleil. Elle est destinée non pas à protéger de l'extérieur mais à protéger son intérieur. Elle soutient et protège la lumière en soi, elle est gardienne de notre sanctuaire. Elle n'agit pas sur l'autre, elle active en nous NOTRE lumière pour qu'elle émane et nous protège par son rayonnement. Posez une intention sincère, alimentée d'une Foi inébranlable en sa réalisation, et ce vœu de protection s'exaucera.

✸ S'allier au temps

Toute réalisation, soin, protection, purification vise à l'union, celle de nos corps en notre corps divin. La fusion de notre corps cristal en nos corps inférieurs.
Le temps est un allié à l'évolution, on doit le prendre et s'en servir à bon escient. Le temps se module par l'esprit : si on court après, il nous manque. Si on le perd, il ne revient pas. Mais si on s'en fait un allié, alors il se lie d'amitié avec nous. Et cet ami-là est exceptionnel, il nous fait découvrir la vie et nous en offre tous ses fruits !

✸ Notre lumière, la Source

Plus votre cœur cultive la pureté, plus le rayon de la foi élève vos vibrations et ne craint pas ce qui ne vous atteint pas. Ce qui ne peut plus vous atteindre.

> *« Rengainez votre glaive, car tous ceux qui prennent le glaive périront par le glaive ! »*
>
> Jésus (Matthieu, 26, 52)

Selon la Bible, cette phrase est prononcée par Jésus au moment de son arrestation, lorsque l'un de ses disciples tente de le défendre en frappant avec son épée l'un de ceux qui viennent l'arrêter.

Si vous marchez sur le sentier en laissant derrière vous des : « Foi, Lumière, Amour, Paix, Harmonie, Confiance », peu importe ce qui se présentera à vous !
La peur fait sortir l'épée, la foi la fait ranger. Rayonnons notre lumière et cessons de dégainer sans cesse nos armes contre les agressions extérieures. Aucune ombre ne peut accrocher la lumière. Qui peut défier l'éternité ?
La Source est intarissable, toute-puissante et omniprésente. Elle est en nous et tout autour de nous !
Vous pouvez vous servir de la Source en vous pour vous défendre, pour vous protéger, et non pour vous battre.

Éclairage sur des principes simples

ÊTRE SÛR DE S'ADRESSER À L'ENTITÉ SOUHAITÉE

Si vous doutez, si vous émettez la crainte de vous tromper ou de ne pas vous relier à la bonne personne, ne le faites pas.
En revanche, vous oubliez que votre intention de vous relier est aussi simple et la même que celle que vous déployez quotidiennement pour porter votre verre à votre bouche ou prendre votre téléphone dans votre main pour appeler quelqu'un.
L'intention dirige la reliance.

CHERCHER À CONNAÎTRE LE PRÉNOM POUR SE RELIER

Encore une croyance très mécanique !
Et pourtant, vous ne connaissez pas le prénom de votre boulangère mais vous vous reliez à elle juste par intention quand vous la voyez.

EST-CE QU'UNE ENTITÉ PEUT SE FAIRE PASSER POUR UNE AUTRE ?

Oui, si vous craignez de vous tromper ou que vous voulez absolument lui demander son prénom. Elle peut faire comme vous quand vous donnez un autre prénom à un inconnu !

RECONNAÎTRE

Ici, on parle de RE-CONNEXION à l'Être en question.
Reconnaître dans l'un-visible peut sembler délicat comparé au plan matériel. Mais en réalité, cela peut s'avérer bien plus précis ! Et même d'une précision indéniable.
Par exemple, lorsque vous êtes deux dans une pièce, vous pouvez ressentir la présence de l'autre. Bien que vous soyez incarnés sur la même fréquence, vous n'avez pas la même manière de vibrer.

> **Nous n'émettons pas la même vibration.**
> **Nous avons tous une vibration unique, complémentaire avec le Tout.**
> **Notre Vibration Unique est notre véritable identité.**

Non une identité définie, mais une identité finie, c'est-à-dire ID-ENTITÉ, une idée de la Source qui fait de nous une entité à part entière.

RESSENTIR LES VIBRATIONS DES AUTRES

Lorsque nous ressentons une présence, nous ressentons à moindre échelle la vibration propre de notre partenaire.

Imaginez maintenant que cette même personne, toujours dans la même pièce que vous, soit très énervée et rumine dans son coin. Vous pouvez ressentir les tensions émanant de cette vibration.

Autrement dit, vous êtes sensible aux ressentis de sa présence. Vous êtes sensible à sa vibration.

DÉVELOPPER VOTRE SENSIBILITÉ À LA PRÉSENCE ET À LA VIBRATION DES ENTITÉS

Cette même sensibilité transposée dans l'un-visible peut parfois nous avertir d'un défunt un peu grognon, par exemple. Ou simplement la sensation de ne pas se sentir confortable dans un lieu.
Plus nous développons notre sensibilité à la présence, plus nous pouvons aisément la reconnaître, reconnaître si sa vibration est agréable ou désagréable, aussi facilement que de distinguer l'eau chaude de l'eau froide.
Nous pouvons ressentir, par la vibration émise, l'intention de l'entité, que ce soit sur le plan visible ou invisible.
Voilà pourquoi, je ne me trompe pas entre un défunt bloqué et un être lumineux de mon équipe, tout simplement parce que je reconnais sa présence, sa vibration. Avec l'expérience, je reconnais chacun des membres de mon équipe ou encore de nouveaux intervenants.

VOTRE PROPRE VIBRATION EST UNIQUE

Votre vibration unique contient TOUT, elle est votre carte d'identité contenant toutes vos un-formations et absolument tout ce que nous sommes, sur tous les plans, jusqu'à nos origines. Nous pouvons ainsi reconnaître une entité nouvelle sans jamais l'avoir rencontrée.
Dans les mondes plus subtils, votre véritable nom est votre Vibration unique. Et comme chacun est profondément relié naturellement aux informations de cette présence, la transparence est omniprésente.

> *« Avant de voir et d'entendre, c'est la Vibration que je reçois, et c'est elle qui me donne les un-formations. »*

Vous pouvez aussi incarner la toute-puissance de la Source en vous pour rayonner tel un talisman inébranlable et inconditionnel : le choix est en vous !

La température des champs de fréquence

LES ENTITÉS BLOQUÉES

Les entités bloquées sont retenues par leur corps énergétique qui a conservé des émotions négatives, les empêchant de monter en vibration. Au moment où elles rayonneront le positif en elles, l'Amour, elles élèveront leurs vibrations et verront apparaître le portail.
Elles ne peuvent pas voir le portail si leur état général est négatif, tout simplement parce que nous restons dans le champ de fréquence correspondant à notre niveau vibratoire.

AIDER UNE ENTITÉ BLOQUÉE

Quand on aide une entité, on l'aide avec amour, on résonne en elle l'amour enfoui pour qu'elle émerge et élève sa vibration tout entière. Alors elle est capable de voir le portail qu'on a gentiment ouvert pour l'aider, par la Fraternité en nous, l'Amour en nous. Elle se séparera naturellement de ses corps énergétiques. Le corps énergétique appartient au plan énergétique. Il rejoint les hautes sphères d'accueil avec ses corps spirituels.
C'est pour cette raison que je vous conseille de faire un nettoyage des lieux après le passage d'une entité (voir p. 81) afin de rendre à la Lumière les énergies laissées par ceux qui viennent de changer de plan.

LA TEMPÉRATURE

Nous, les humains incarnés, avons une sensibilité physique à la température. Cela nous permet dans notre plan de jauger, de prendre conscience de divers aspects, dont un en particulier : cette sensibilité nous permet de ressentir le plan auquel notre visiteur invisible appartient.
Plus les vibrations sont faibles, plus la température est basse. Plus les vibrations sont élevées, plus la température est élevée.
Dans le « bas astral », comme on l'appelle souvent, la température de l'entité est faible car elle est imprégnée de basses vibrations. Le champ de fréquences est « bas » dans le sens où les vibrations de ce champ vibrent plus lentement.
Donc si vous sentez un courant d'air frais qui vous colle, ce n'est pas votre guide ! C'est une entité qui cherche de l'aide, sa route.

> *« Plus la vibration s'approche de la polarité (-) plus elle est magnétique. Plus la vibration s'approche de la polarité (+), plus elle est cosmique. »*

Tous les êtres des plans supérieurs au nôtre ont une température plus élevée pour notre ressenti physique, car une vibration plus rapide.
Les Élémentaux, nos guides, nos Frères célestes des anciennes planètes sont autant d'entités qui vivent sur des champs de fréquence multiples et variés mais dont la vibration est supérieure à celle sur Terre.
Une sensation chaude. Vous pouvez ressentir par exemple une chaleur sur votre corps, le coude, la cuisse... Quand on demande à notre guide de nous prendre dans ses bras pour s'endormir, par exemple, notre corps se réchauffe, comme doucement enveloppé d'amour.
Il y en a aussi lorsqu'on reçoit un soin, par exemple. On peut ressentir la chaleur de l'énergie véhiculée qui appartient au plan énergétique, qui vibre plus fort que le plan physique (et ressenti comme chaud sur le plan physique).
Les êtres des plans supérieurs ne sont plus dépendants de ce ressenti physique de température. Cette division appartient à notre champ de fréquence comme un indicateur en la matière. Il permet de faire prendre conscience, d'alerter l'humain, de donner un signal même s'il n'est pas un humain conscient. Son ressenti physique est un capteur pour son autonomie bien que sa conscience soit à l'état de veille. C'est un baromètre physique.

L'INTERACTION DES DÉFUNTS AVEC LES APPAREILS ÉLECTRIQUES

Notre système électrique découle du champ magnétique et est basé sur des fréquences négatives (telles que les ondes de très basses fréquences des lignes électriques par exemple).
Pour faire court, la majorité des installations créent des ondes électromagnétiques, c'est-à-dire des ondes qui se rapprochent du plan de nos amis défunts en recherche de leur chemin. C'est pour cette raison qu'il leur est possible d'interagir volontairement ou non sur nos ampoules et autres appareils électriques !
À mesure que nous évoluons, notre vibration augmente. Plus la vibration augmente, plus elle s'éloigne des ondes négatives.

DAVANTAGE DE MANIFESTATIONS DE L'INVISIBLE LORS DES ÉPISODES D'ORAGE

À chaque orage, les ondes électromagnétiques augmentent et notre propre champ de fréquence tend vers celui des entités bloquées ! Du coup, les apparitions sont plus visibles et les manifestations plus fréquentes. C'est simplement parce que les deux plans sont plus rapprochés dans cette configuration !
Mon enseignant m'a expliqué que notre civilisation actuelle a découvert cette énergie et s'est développée très vite ainsi, notamment lors de la Révolution industrielle. C'est cette énergie qui, du ciel, fait illuminer la planète de millions de petites lumières une fois la nuit tombée.
Mais l'humain n'a pas encore développé l'énergie du cosmos, il n'en est qu'au tout début, bien que certaines âmes soient venues ici pour nous aider en ce sens, comme le grand Nikola Tesla.
Cette énergie, c'est justement l'inverse de celle que l'on utilise, c'est l'énergie du cosmos : l'énergie (+) qui est propre, d'une puissance illimitée, éternelle et inépuisable. L'énergie organique et non plus mécanique !

L'ÉLECTRICITÉ

Ce mot provient du grec *élektron*, signifiant « ambre jaune ». Les Grecs anciens avaient découvert qu'en le frottant, c'est-à-dire en ayant une action mécanique, l'ambre jaune produisait une attirance sur d'autres objets légers et parfois des étincelles.

L'ÉNERGIE ORGANIQUE

Elle est la seule force utilisée par tous les habitants des plans supérieurs et c'est pour cela que les vaisseaux que l'on peut parfois admirer ne font pas de bruit, se modulent, changent de forme et se déplacent indépendamment des lois physiques. Leur matière et leur fonctionnement ne sont pas mécaniques, mais organiques. Les vaisseaux sont des êtres vivants, tout comme les plantes. Cela peut paraître difficile à concevoir mais vous vous servez de cette même force, cette énergie du cosmos, lorsque vous visualisez un objet, par exemple.

Message de mon guide

« L'énergie organique est là, partout. Elle n'a besoin d'aucun mouvement. Elle est celle qui agit sans bruit, qui développe sans toucher, qui fait germer le blé par ce qu'elle est. Sa seule présence suffit à rayonner la Lumière en chaque être vivant. Elle est la Lumière de vos jours et là où vous vous dirigez la nuit. »

L'écran mental et « l'image-en-l'air »

« Mais comment tu les vois, au juste ? » C'est une question que j'entends souvent. J'ai pu remarquer souvent que tout un tas de représentations étaient fausses :

- Non, il ne suffit pas d'aller consulter une personne réputée pour « voir » tous les plans. Il n'existe pas de lunettes supersoniques pour voir tous les plans, du moins pas encore !
- Non, je n'ai pas un traitement de faveur ni de don !
- Non, on n'a rien à attendre, aucun rituel à suivre, rien à éliminer, même des casseroles karmiques, pour pouvoir voir...
- Non, il ne faut pas nécessairement entrer en transe ou faire une méditation.
- En revanche, oui, si vous vous faites confiance, vous allez y arriver naturellement !

ENTRER EN COMMUNICATION AVEC LES GUIDES : LE MODE D'EMPLOI

1. Redevenir un enfant

Faites émerger l'enfant en vous ! Celui qui vit de folles aventures grâce à son imaginaire, « *l'image-in-air* », comme me dit mon guide, c'est-à-dire l'image dans l'air !

2. L'écran mental

Ce n'est pas tout d'avoir de l'imagination. Pour la rendre visible, nous sommes dotés d'un « home cinéma » intégré naturellement. Cet écran, on a pris l'habitude de s'en servir mais on ne l'estime pas à sa juste valeur. On est bien loin d'imaginer toutes ses fonctions !
Quand nous servons-nous de notre écran ? De manière générale, à chaque fois que l'on voit quelque chose, mais « dans notre tête ». Nous nous servons de notre écran mental pour nous remémorer un souvenir, visualiser une description, élaborer un plan ou d'autres pratiques de la vie quotidienne.

3. L'imaginaire

On a l'image, on a l'écran. L'imaginaire, c'est tout autant de DVDs à intégrer dans le lecteur de notre home cinéma. Certains s'en servent pour les lectures karmiques, d'autres pour créer des scénarios, des effets, d'autres encore pour voir leur guide.

Voici la notice explicative :

• ***Choisissez ce que vous souhaitez voir par l'Intention***

Exemples de programmes :

- Vies antérieures liées à un chakra particulier.
- Mon enfant à l'école, là tout de suite.
- Comment c'était ici, à la place de ma maison, en 1853 ?
- Mon guide.
- Les Élémentaux dans mon jardin.

Rappel : l'intention doit être pure, couronnée de confiance. Si une part de vous se dit qu'elle va imaginer des trucs débiles ou farfelus, ne soyez pas surpris de voir un clown jouant de la trompette sur un fond de Dalida ! C'est l'intention qui choisit le bon DVD.
La bibliothèque multimédia est illimitée et gratuite, vous pouvez vous en servir à volonté.

• ***Regarder les images sur votre écran mental***

L'intention place elle-même le DVD dans le lecteur. Vous n'avez qu'à regarder les images qui s'affichent. Pour cela, merci de bien vouloir activer votre mode imagination !

• ***En cas de dommage sur l'appareil ou problème de fonctionnement***

Veillez à passer du mode « Adulte » à celui d'« Enfant » pour lancer un DVD. Seul l'enfant intérieur permet de passer en mode imagination.
Si les images ne correspondent pas à votre demande, veillez à coordonner vos pensées et votre intention. Les pensées créent des interférences quand elles vont à contresens.

• ***Utilisation***

- **Mode nomade :** aucun outil supplémentaire n'est requis. L'alimentation est continue et les conditions extérieures n'ont aucun effet sur l'appareil. Si vous pensez ne pas être dans de bonnes conditions pour regarder un DVD, révisez plutôt cette pensée qui vous conditionne !

- **Premières utilisations :** tout et n'importe quoi peut s'afficher sur votre écran lors des premières utilisations.
- **Gardez confiance.** La bibliothèque est un peu poussiéreuse et doit se remettre en ordre. Certaines images doivent être diffusées pour libérer l'accès aux DVD. Ne retenez pas les images car elles se fraieront un chemin avant toute autre diffusion. Acceptez ce que votre écran a à vous montrer. Accepter, c'est libérer !

• ***Origine et fabriquant***

Notre home cinéma provient de la Source originelle. Chaque être possédant un corps supérieur est pourvu du même matériel, même si beaucoup ne l'utilisent pas.

• ***Destination du matériel***

Un guérisseur qui souhaite voir le DVD des annales akashiques de son patient, un passeur d'âmes qui souhaite voir les entités bloquées, une personne qui souhaite voir son guide, un défunt, les Élémentaux ou tout autre être vivant sur des champs de fréquence différents du sien, quelqu'un qui veut voyager sans sortie corporelle.

- **Petit rappel :** toutes les demandes sont sous la responsabilité des êtres qui en font la demande.
- **Note importante :** Ce matériel est recommandé pour tout voyage de l'âme. Il permet d'effectuer des projections en tout lieu sans sortir de son sanctuaire de chair et en respectant parfaitement son corps.

• ***Fonctionnement pour une compréhension supérieure***

L'écran mental sont les yeux de votre corps supérieur, votre « vrai » vous. Lorsqu'une projection a lieu sur votre écran, c'est ce que voit votre esprit, là où il se situe. L'esprit est illimité. Il peut se projeter en tout temps, en tous lieux, à tout moment. Ainsi, si votre corps physique est toujours dépendant de son champ matériel, votre esprit, lui, peut être partout, en plusieurs endroits à la fois, en tout segment de temps au même instant.

4. Le mode « voir les yeux ouverts »

Très simple, je fusionne mon écran mental à mes yeux en imaginant les yeux ouverts. Pour cela, voici l'exemple parfait donné par mon super guide, issus de *Hook ou la revanche du capitaine crochet* et *Alice au Pays des Merveilles*.

« Le temps a passé et Peter Pan a vieilli et oublié le pays imaginaire. »

= Il a cessé d'imaginer.

« Il a épousé Moira, la petite-fille de Wendy avec qui il a eu deux enfants, et est devenu Peter Banning, un avocat d'affaires obsédé par son travail. »

= Un adulte conditionné, plongé dans le plan matériel.

« Mais le capitaine Crochet, qu'il croyait mort, fait enlever ses enfants. »

= Un évènement déclencheur de l'éveil.

« La fée Clochette vient chercher Peter pour l'emmener au Pays imaginaire où il se retrouve nez à nez avec Crochet lui-même. »

= L'éveil se déclenche et le nettoyage conscient commence.

« Ce dernier tarde à reconnaître que Peter Banning est bel et bien Peter Pan, le petit garçon qu'il considérait comme son pire ennemi, il y a bien des années. Refusant de se battre contre la nouvelle version de son rival, Crochet accorde trois jours à Peter pour se « remettre sur pied », après quoi il acceptera de l'affronter en duel et, au cas où il perdrait, lui redonner ses enfants. »

= On laisse le temps à Peter de fusionner son « Soi supérieur » (Peter Pan) et son « Soi physique » (Peter Banning) pour redevenir le « vrai lui ».

3 jours = le 3 : « Moi individuel », « Moi supérieur » et les deux unis.

« Les enfants perdus, tout aussi déconcertés que Crochet par l'apparence de leur chef, l'aident à retrouver ses anciennes habilités. »

= Recouvrer la mémoire.

« Peu à peu, Peter redécouvre en lui les plaisirs du jeu, l'usage de l'imagination et son talent de bagarreur. »

= Émergence de l'enfant intérieur.

« Il éprouve cependant des difficultés à évoquer un souvenir suffisamment heureux pour lui permettre de voler. »

= Mémoire erronée et conditionnements à libérer pour élever ses vibrations et en inonder toutes ses cellules.

« Ce n'est qu'après avoir retrouvé son refuge d'autrefois que la mémoire de ses jeunes années lui revient. »

= Son sanctuaire intérieur, porte du « vrai lui ».

Un conseil, regardez le film en voyant le capitaine Crochet comme le mental !

Recette « maison » de l'attraction

L'attraction nous apporte ce que l'on souhaite et non pas ce que l'on décide.
Exemple :
Je souhaite habiter dans une maison : c'est ce que je souhaite au fond de moi.
Je décide de trouver *les moyens* pour habiter dans une maison : c'est ce que je décide.
Du coup, je décide *d'avoir les moyens* alors que je souhaite habiter une maison = je décide quelque chose alors que je souhaite autre chose !
Or, on a ce que l'on souhaite et non ce que l'on décide.
La vibration qui travaille avec tout l'Univers = ce que je souhaite.
Mon mental inférieur = ce que je décide.
Alors, si je me focalise sur ce que je décide, je passe à côté de ce que je souhaite, à côté de tous les signes qui me mènent à ce que je souhaite !

C'est l'Univers, qui demeure entièrement en moi, qui génère par mes idées et envies AU PRÉSENT les moyens et les solutions. Moi, j'émets le souhait naturellement, sans le mentaliser.
Les souhaits sont des émanations naturelles, ce sont des sourires intérieurs en notre lumière divine !
Nous souhaitons en permanence mais nous ne nous écoutons pas en permanence, nous préférons trop souvent écouter nos décisions !
Conclusion : je m'écoute. Et en m'écoutant, je prends naturellement le chemin de mes souhaits.
Si je me focalise sur ce que je décide, je court-circuite mes souhaits.

Message des guides

« Si tu te focalises sur ce que tu décides, tu n'as pas ce que tu souhaites. Sauf si tu décides de te lâcher la grappe pour t'écouter, alors tu t'engages naturellement sur le chemin de tes souhaits. »

EXEMPLES DE MANIFESTATIONS

- **Je suis dans un magasin, je passe à côté de bonbonnières que je trouve magnifiques au plus profond de moi = émanation naturelle**

Une semaine plus tard, une amie que je n'avais pas vue depuis très longtemps se rend dans une toute nouvelle boutique de bonbons naturels et a l'idée de m'en déposer une en cadeau sur le seuil de ma porte.

- **Je vois une magnifique illustration de fées sur Internet que j'aime au plus profond de moi = émanation naturelle**

Je la reçois en poster géant par la poste, idée d'une amie. Je ne lui en avais jamais parlé. Et le plus : je m'étais écoutée pour acheter un cadre sans savoir pourquoi, qui fait juste la dimension et la couleur de l'affiche...

- **J'aimais vraiment bien le téléphone que j'avais avant = émanation naturelle**

Un jour, je me réveille de ma sieste avec l'envie de me rendre dans la boutique de mon opérateur. Je l'ai eu gratuitement.

- **J'ai toujours rêvé de conduire une voiture familiale = émanation naturelle**

Ma voiture ne démarre plus alors que je dois partir en vacances juste après. Quand je reviens, un ami qui part à l'étranger me cède sa voiture familiale pour presque rien !

Je ne fonctionne que comme ça depuis que j'ai reçu des enseignements là-dessus dans mon cœur.

Je n'ai jamais aucune envie de possession, mais juste l'en-vie, le plaisir : le souhait. La décision, c'est uniquement celle de m'écouter et de ne pas douter !

Et de toute façon, quand on choisit d'écouter ses guides avec son Soi supérieur, on s'écoute chaque jour davantage !

Alors lâchez la décision et reprenez conscience que vous communiquez tous les jours avec votre guide (voir p. 10).

L'ASTUCE

Le plus simple, c'est d'abord de prendre conscience de notre super pouvoir d'attraction : tout ce que je reçois (cadeau, bonne nouvelle, surprise…), c'est MOI qui l'ai attiré !
Absolument tout !
Mais attention : les cadeaux ont une multitude d'emballages différents. Par exemple, lorsque j'ai eu la grippe, je me suis souvenu ce que j'avais souhaité : le feu salutaire en mon corps pour nettoyer mon plexus.
Je retrouve ces moments de pure attraction, complètement indépendante des décisions.
Le souhait originel émis lorsque je reçois quelque chose ou que quelque chose se manifeste !
Tout est issu de notre attraction permanente.
Tout est un JE d'enfant qui peut être super ludique !

Recette « maison » pour communiquer avec votre maison intérieure

INGRÉDIENTS : FOI ET CONFIANCE

Ces deux principes sont UN. La Foi, c'est la Confiance absolue au Tout en nous. S'il existe aujourd'hui deux mots, c'est parce que l'humain s'est lui-même dissocié du Tout. Par ignorance, il a séparé la Foi de la Confiance, attribuant la Foi à la religion.
Quand vous avez Foi en vous, vous avez Confiance dans le Grand Principe que « Je » exprime du Tout.
Si vous avez parfaitement confiance en vous, vous ne pouvez pas vous préoccuper de ce qui était, ni de ce qui sera.
Vous êtes en cet instant T la manifestation du Tout. Vous êtes ce que vous êtes.
Quand on observe que la majorité des préoccupations mentales sont dans l'avant ou l'après, ça fait déjà un grand tri.

LE DIALOGUE INTÉRIEUR

Placez la priorité de votre écoute à l'intérieur de vous-même. En vous parlant intérieurement, vous parlez à toute la Création contenue dans le Tout dont vous êtes la manifestation.
Parlez ainsi à vos guides, à votre âme, aux Célestes, aux Élémentaux, à la planète, à des collectifs...
En fait, « Je » vous permets de recevoir et de faire vivre en vous la vibration que votre intention a reliée.

L'INTENTION

Quand JE parle à toute la Création à l'intérieur de vous, vous mettez naturellement votre intention à contribution. Et c'est bien normal, c'est elle qui envoie le boomerang.
Votre intention est comme un câble que vous branchez.
Par exemple, vous êtes nombreux à vous demander comment éviter de se relier au bas astral ou comment être sûr de se relier à la bonne fréquence ou à la bonne entité ? Eh bien, c'est de notre responsabilité de brancher notre câble très clairement, c'est-à-dire grâce à notre intention qui demeure pure.

Tous les doutes troublant l'intention vous font trembler lors du branchement du câble. Mais est-ce que vous vous trompez quand vous portez un verre à votre bouche pour boire ou quand vous marchez ?
L'intention est très claire et naturelle ! Personne ne se répète dans sa tête en marchant : « jambe gauche, jambe droite, jambe gauche... »
La seule raison pour laquelle cette situation peut se présenter, c'est uniquement parce que l'intention a été déviée par la peur de se tromper en se branchant sur une entité négative ou bloquée.
Vous vous branchez là où vous placez votre intention !

MISE EN PRATIQUE

La journée, parlez quotidiennement à l'intérieur. Vous n'avez pas à vous brancher pour des occasions précises, adoptez simplement ce mode de vie en vous.
Le plus important pour persévérer dans notre vie « branchée », c'est de calibrer notre intention.
Vous êtes incarné avec un corps mental sur ce plan physique. Et, bien qu'il carbure, vous devez respecter le fonctionnement de votre mental. C'est-à-dire émettre en permanence des intentions très claires et très précises pour qu'il puisse facilement vous transmettre la réponse envoyée par votre maison intérieure.

EXEMPLES DE DISCUSSIONS INTÉRIEURES QUOTIDIENNES :

Lulu : Quelle couleur d'habits aujourd'hui ?
Maison : Vert.
Mental : Bleu, rouge, avec un chouchou à pois, c'est beau les pois.
⟶ Lulu enfile un haut vert.
Lulu : Waouh, j'ai faim ! Je mangerai bien des...
Maison : Tomates.
Mental : Pâtes, c'est facile, avec un bon gros donut, glaçage à la fraise en dessert.
⟶ Si j'ai envie de savoir pourquoi ma maison me dit des tomates, je peux demander ainsi :
Lulu : Un verbe pour m'expliquer.
Maison : Ancrer.
Mental : C'est bon pour la santé et j'ai lu tel article qui disait que...
Lulu : Chakra ?
Maison : 1.
Mental : Pour les chakras je sais qu'il faut surtout...
Pourquoi je calibre ? Parce que justement, c'est beaucoup plus facile pour éviter de douter de la réponse qui vient.

Si mon intention demande un verbe, j'aurai un verbe. Donc ça limite grandement les sabotages de mon mental « qui sait tout ». Ça le met à contribution pour me traduire l'onde en verbe. Il a tendance à quand même ramener sa science parce qu'il est encore imprégné des énergies 3D. Alors patience ! Laissons-lui simplement le temps de se fondre chaque jour un peu plus en la maison intérieure.

Parce que je le fais en permanence, je sais pourquoi j'entends ce que j'entends, et je sens la Paix qui résonne en moi par la réception de cette vibration.
Ici, je décortique vraiment au maximum le « fonctionnement » mais au quotidien c'est beaucoup plus rapide !

LE COUP DE POUCE DES GUIDES AVEC MA VOITURE

Un jour, une amie me propose d'aller prendre un thé en ville. Je me gare sur le parking et là, je constate que je n'ai absolument pas de monnaie, ni même de quoi en faire pour le parcmètre.
Lulu : Je n'ai plus de monnaie !
Mental avec ma peur : Les boules ! Tu vas prendre une prune !
Lulu qui parle à l'intérieur en fermant la porte de sa voiture : Je vais me prendre une prune ?
Maison : Non.
Lulu : C'est sûr de chez sûr, hein ?
Mental avec ma peur : Cours, tu es fichue !
Lulu à maison intérieure : Prune ?
Maison : Non.
⟶ Je décide de faire confiance au Tout en moi (Foi ET Gratitude) puis je rejoins mon amie.
Amie : Tu n'as pas mis de ticket ? Tu vas avoir un PV car elles passent toujours ici !
Lulu : Heu, non !
Amie : Tu es sûre ?
Lulu dans sa tête : Waouh, elle a les mêmes peurs que moi !
Lulu tout haut : Oui, je suis sûre !
Après le thé, j'ai complètement oublié l'histoire du ticket.
⟶ Quand je suis revenue à ma voiture, évidemment, aucune prune.

Jeux quotidiens pour prendre confiance en votre faculté de réception

La question n'est pas de savoir si vous recevez bien. La question est de savoir si vous vous faites assez confiance pour placer en « Top list » ce que vous avez reçu.

PRENDRE LA VIE COMME UN ENTRAÎNEMENT À VOTRE ÉCOUTE INTÉRIEURE !

Vos jeux du quotidien sont simplissimes ! Par exemple, pendant vos courses, avec votre Caddie, vous voyez une dame en face de vous qui marche. Vous pouvez demander à votre maison : « Elle va tourner à gauche ou à droite ? »
Vous pouvez aussi vous amuser à décider de recevoir un refrain de chanson. L'autre jour, je me demandais si j'allais faire de la guitare dans la maison ou dans le jardin.
⟶ La chanson reçue : *Let the sunshine in.*

CE QUI PEUT EMPÊCHER LA RÉCEPTION

Réfléchir !
Réception = principe féminin.
Réfléchir = action = principe masculin.
Donc réfléchir pour réceptionner, c'est comme essayer de se servir un verre d'eau en le prenant à l'envers... C'est difficile !
Pour m'expliquer ce phénomène tout bête, mes guides m'ont montré ainsi : pour recevoir ces images à l'époque, j'ai calibré mon intention sur cette question précise et j'ai reçu les images en me servant de l'écran mental.
J'ai vu mon guide au téléphone, avec la tonalité d'un appel déjà occupé.
Guide : Pffffffff c'est encore occupé.
Guide : Allô Lulu ?
Voilà pourquoi les idées viennent très souvent dans des moments où notre mental est occupé à autre chose. Autrement dit, si vous êtes préoccupé, c'est un peu comme si votre ligne téléphonique était indisponible.

Votre activité mentale ne vous permet pas de recevoir de manière claire les suggestions silencieuses de votre MOI.
Quand on prend pleinement conscience qu'il faut tout bonnement se lâcher la grappe, on se permet de passer en mode réception.
Une fois en mode réception, on reçoit. Une fois qu'on reçoit l'idée, on peut repasser en mode action et la mettre en pratique. Encore une fois : j'ai l'idée de me faire un thé, alors je le fais.
Quand on prend pour habitude de se référer à notre maison, on assiste à de multiples victoires intérieures qui dévoilent en nous toujours plus de Foi et de Gratitude en la Création et tout ce qui la compose.
Une fois le moteur bien huilé, la Foi/Confiance nous autorise des conversations avec nos guides et bien plus encore. Par la persévérance et l'adoption totale de cette communication en nous, nous nous ouvrons de très grandes portes et pouvons aller toujours plus loin, toujours plus haut.
La vibration qui résonne en nous devient plus claire, nos affinités plus sensibles, nous devenons plus transparents en nous-même et répandons ce Vrai que nous plaçons en nous, dans nos réalisations et nos actions.

SE SERVIR DE LA PEUR COMME UN MOTEUR

La peur est très souvent perçue comme un frein. Pour moi, elle est une formidable opportunité d'Évolution !
J'ai peur ? Trop génial, je vais évoluer ! C'est fantastique !

CONTINUER ET RESTER SUR LA BONNE ROUTE

✷ L'autoroute de l'évolution

Vous avez pris conscience de la différence entre les pensées (moi) et les idées : Moi supérieur/guides/plans supérieurs.
Vous avez pris conscience que la plus grande des protections est la Foi.
Prenez maintenant conscience de : « Pourquoi, lui, il évolue aussi vite et moi pas ? »

Première sortie de route : vos pensées

Nous débutons tous sur l'autoroute de l'évolution. Mais à mesure que l'individualité de la personne prend le pas sur le « Moi supérieur » (comprendre : la raison prend le pas sur la voie du cœur), nous nous référons à nos pensées comme unique moteur et nous prenons une sortie pour nous engouffrer dans un

méli-mélo de routes qui se croisent et s'entrecroisent.
Nous apprenons par la voie physique, celle des situations qui nous mettent en face de ces choix ou de ces décisions qui vont à l'encontre de la voie de notre cœur. Tout cela, jusqu'à ce qu'on retrouve le chemin qui nous ramène sur l'autoroute, qu'on suive une des nombreuses idées que nous envoie notre Être supérieur. Je simplifie à l'extrême, évidemment !
Par exemple, celui qui amasse de l'argent dans le but de s'enrichir, nourrit son individualité et laisse de côté sa réalité. La voie de son Être supérieur va se retrouver sur une sortie d'autoroute de ce type : il peut amasser autant qu'il le souhaite, il aura toujours besoin de plus car il cherche l'abondance sous toutes ses formes, partout sauf là où elle réside : dans son Soi supérieur qu'il a mis en sourdine.
A contrario, beaucoup d'éveillés deviennent complètement perchés et en oublient d'intégrer pleinement leur vie physique et de jouir des fruits de la Terre sous toutes ses formes.
Alors, soyez autant perché qu'ancré et vous deviendrez une magnifique antenne !

La route est balisée par vos idées

À chaque fois que nous faisons collaborer nos idées et nos pensées, nous continuons sur cette autoroute parfaitement lisse et droite. Les signes intérieurs et extérieurs balisent notre chemin comme pour nous conforter dans notre très belle direction, et notre cœur sourit.
Dès que nous rencontrons des obstacles, c'est que nous avons pris une sortie sans nous en rendre compte. Mais tout est fait pour notre évolution. Alors, même sur les chemins biscornus, nous retrouvons des idées qui nous font reprendre la bonne direction.
Si, en revanche, nous prenons une sortie et qu'on pense ne pas l'avoir méritée ou ne plus en voir le bout, arrêtons le moteur. Faisons silence à l'intérieur et invitons la voix du cœur à nous donner un coup de main en mode gratitude.
Le mode gratitude répercute de belles et très hautes ondes qui nous dégageront le ciel pour nous signaler la direction de l'autoroute, c'est notre GPS naturel !
Le mode « Caliméro », ou « victime de l'Univers », répercute des ondes négatives qui amèneront de gros nuages gris et vous laisseront dans le brouillard de votre mécontentement.

> **Il n'y a pas de recette miracle, le miracle c'est Vous !**
> **Il n'y a aucune injustice, il n'y a que des sorties d'autoroute. Et qui conduit la voiture ? C'est Vous !**

Test : Sur l'autoroute de l'évolution, quel conducteur êtes-vous ?

1) Vous marchez dans la rue, quand vous croisez une personne qui a l'air triste.

A : L'idée vous vient de lui sourire pour illuminer sa journée.

B : La tristesse, c'est comme un virus, c'est contagieux !

C : Lui sourire, oui, pourquoi pas. Mais comme vous ne la connaissez pas, et puis ça y est, elle est passée, ce sera pour une prochaine fois…

2) Votre ex vous envoie un message avec des noms d'oiseaux.

A : Vous lui renvoyez à votre tour un ou dix noms d'oiseaux, après tout il/elle l'a bien mérité !

B : Vous avez conscience qu'il/elle cherche une réaction de votre part et cela vous agace. Mais vous tenez bon et ruminez doucement dans votre coin.

C : Vous voyez la frustration en lui/elle et vous lui envoyez de belles énergies d'amour en réponse à sa détresse déguisée. Il/elle est juste sorti(e) de l'autoroute, votre amour l'aidera à la retrouver.

3) Dans la hâte, vous vous cognez le petit orteil dans le pied de la table basse. Que vous dites-vous ?

A : « Pourquoi, Seigneur, pourquoi ? »

B : « Et bam ! Voilà pour toi, la table ! »

C : « Ouf ! Ok, j'arrête de courir après le temps, je le prends ! »

4) Ça y est, vous avez vu quelque chose dans votre écran mental et vous pensez à une mémoire.

A : Vous courez le raconter à votre copine, elle aussi éveillée.

B : Vous voulez être sûr(e) de ce que vous venez de voir pour le croire et vous allez d'abord tenter de recommencer.

C : En mode ENJOY, vous êtes juste heureux(se) de ce que vous venez de vivre. Ce petit rien est un grand tout.

5) Vous ne supportez pas Valentine, rien à faire, ça ne passe pas.

A : C'est comme ça, c'est physique, point.

B : Son comportement vous agace, mais vous tentez de prendre sur vous, après tout ce n'est pas sa faute.

C : Si Valentine vous exaspère, c'est qu'elle stimule en vous une résistance qui provoque une émotion négative. Si cette résistance n'existait pas en vous, elle ne vous exaspèrerait pas. Grâce à elle, vous allez trouver cette fausse note qui détonne dès que vos énergies se croisent.

Les réponses sont simples

Les réponses suivantes vous font rester sur l'autoroute et témoignent de votre aptitude a réagir avec sagesse et détachement aux situations du quotidien, BRAVO !
1 : A – 2 : C – 3 : C – 4 : C – 5 : C.

Ces réponses sont de petites sorties d'autoroute mais les possibilités de la retrouver dépendent de votre capacité a élever vos pensées au quotidien, c'est bien parti !
1 : C - 2 : B - 3 : A - 4 : A - 5 : B

Une réponse comme celles-ci vous fait quitter l'autoroute ! Enterrez vos vieilles croyances pour ouvrir votre esprit et écoutez la voix de la sagesse. Vous le pouvez !
1 : B - 2 : A - 3 : B - 4 : B - 5 : A

LE GRAPHIQUE DE L'ÉVOLUTION

J'ai reçu un jour un graphique avec une courbe qui montait en dents de scie : le graphique de l'évolution.

Explications des guides

Quand tu es sur le pic, tu ne vois que les prochains pics ! Quand tu es sur la pente qui descend vers le creux, tu vois le fond à l'horizon et quand tu arrives au fond, tu ne vois plus rien. La seule façon de voir quelque chose à ce moment-là sera de regarder en haut !

Toute évolution est en dents de scie et la Confiance en est le moteur. Pour ma part, je dirais la Foi, la foi en l'Univers à l'extérieur et à l'intérieur de moi.
Si vous arrivez au fond, dans le creux de la vague, et que vous perdez votre confiance, vous ne lèverez pas la tête et vous n'aurez plus rien en vue. Si vous gardez l'image du prochain pic accrochée au plus profond de vous, votre confiance et votre foi inébranlables, vous vous donnez les moyens de remonter la pente jusqu'à lui et vous savez à chaque instant que votre évolution avance bien et avance toujours !

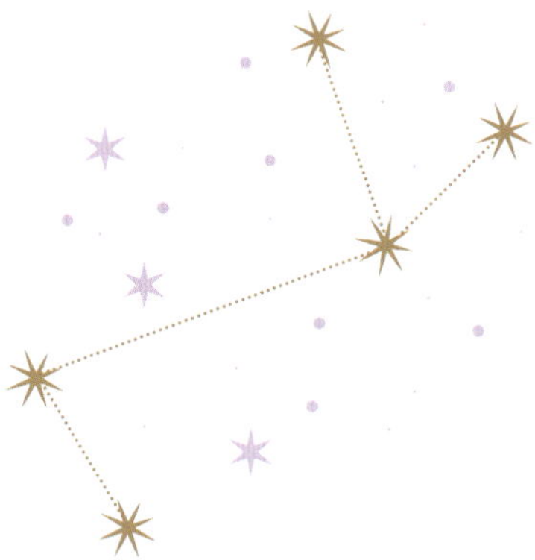

Les passeurs d'âmes

CHAPITRE III

Communiquer avec les défunts

De prime abord, nous pouvons penser que cette nouvelle casquette n'est pas pour nous. Mais l'Univers ne nous permet pas toujours de faire l'autruche... Nous sommes tous des *ghostbusters* !

NOS AMIS LES DÉFUNTS

Les défunts que nous sommes parfois amenés à aider sont ceux qui, à la suite de leur mort, ne sont pas passés dans le tunnel lumineux pour poursuivre leur cheminement vers les sphères d'accueil. Les raisons sont diverses et variées et leur appartiennent. Il y en a de toutes sortes : des sympas, des moins sympas, des casse-pieds, des peureux, des rigolos...

Nos chers amis les morts n'ont plus aucune idée du temps, ils sont reliés à une conception linéaire inhérente à leur situation. Suivant l'état émotionnel de « blocage » où ils résident.

Par exemple, une entité ayant subi un accident peut demeurer dans cette configuration de choc et le revivre dans un mouvement perpétuel. Ou encore, elle peut décider de rester sur ce plan pour réclamer justice, bien qu'elle soit confrontée au fait qu'elle n'appartienne plus à ce plan de matière.

On le sait, l'Univers a de beaux projets pour nous et notre chère planète, et ça fait un petit moment maintenant que les choses changent, ont changé et continuent de changer.

Résultat : les dimensions se rapprochent, les portes deviennent plus minces.

On arrive davantage à communiquer avec elles, à les ressentir. Et c'est d'ailleurs peut-être pour cette raison que vous êtes ici...

POURQUOI ATTIREZ-VOUS LES DÉFUNTS ?

Il faut d'abord comprendre que plus votre mental et votre esprit s'accordent, plus vous montez en vibration et devenez léger, et surtout lumineux.

Du coup, l'entité perdue ou à la recherche d'aide est attirée par votre lumière.

D'autant qu'elle peut percevoir que sa présence vous fait réagir. Ainsi, elle a espoir d'être entendue.

NE PAS AVOIR PEUR, SAVOIR SE METTRE À LEUR PLACE

Mettez-vous à leur place : ce n'est pas évident de trouver une porte de sortie dans une dimension que l'on ne connaît pas, de n'être aidé par personne, d'avoir l'impression que jamais vous ne retrouverez vos proches qui vous manquent terriblement...

Je pense à ce monsieur, décédé d'un accident de voiture, qui cherchait sa femme. Je pense à sa femme qui a retrouvé son chemin lorsque j'ai ouvert la porte à son cher mari. Je pense à ce petit garçon qu'elle avait pris sous son aile.

Oui, ils s'entraident parfois, forment des groupes, vivent les uns avec les autres ou se cachent.

Mais tous ne se voient pas entre eux. Cela dépend toujours de la vibration qu'ils diffusent.

Peu importe leur histoire, la manière dont ils ont quitté leur corps physique, s'ils sont en colère ou tristes, nous ne sommes pas là pour les juger, mais nous pouvons les aider.

CES DÉTAILS QUI PEUVENT TOUT CHANGER

D'abord, reconnaître que oui, il y a ce fameux tunnel avec au bout la lumière mais que tout le monde ne l'emprunte pas.

✸ 1. On libère les sentiments lourds pour libérer les âmes

Arrêtons de regretter les défunts, d'avoir de la colère parce qu'ils nous ont laissés, parce qu'on s'en veut, ou pour toutes autres raisons du monde.

Prenons soin d'évacuer ces sentiments naturels et de porter haut dans le cœur le fait qu'ils ont quitté ce plan pour en rejoindre un autre.

Remplaçons le manque par la conscience qu'ils demeurent éternellement en nous, car nous ne sommes jamais séparés du Tout.

LES PHRASES QUI PEUVENT AIDER

« Tu vas énormément me manquer, (prénom du défunt), mais je t'envoie tout mon amour pour que tu franchisses ce portail de lumière, car de l'autre côté tu ne seras pas seul(e), tu seras apaisé(e), entouré(e) et tu pourras veiller librement sur tes proches. »

Il nous faut remercier l'Univers de ce cadeau fantastique d'avoir ce pouvoir d'aider nos êtres chers. Et je vous assure que ce cadeau pour eux vous emplit, vous, de joie en retour.

Si chacun prenait deux minutes lors d'un enterrement pour ouvrir son cœur et envoyer plein d'amour à la personne défunte, ou si l'enterrement se soldait par une ronde, main dans la main avec des sourires et de l'amour, nos défunts ne seraient pas perdus entre les eaux. Ils pourraient alors être directement happés par une lumière infiniment douce et lumineuse, les ramenant auprès de ceux qui les attendent, dans leur véritable maison.

SE LIBÉRER DE L'INJUSTICE

La mort n'est pas injuste ! Elle solde une mission et pose des obstacles à ceux qui restent car ils doivent rester et continuer leur propre mission en passant par cette épreuve.
En n'acceptant pas, on élève des barrières. Les nôtres et celles des défunts.
Le jour où l'on acceptera le fait que nous sommes simplement de passage, nous vivrons sans pleurer nos morts et dans la joie de leur « pas-sage ». Ils seront tous parfaitement guidés.

2. Ça fait tellement longtemps qu'on joue des tragédies que les eaux sont remplies de défunts

Pourtant, il serait facile de tous les renvoyer !
En une date-clé, tout le monde se prend la main.
On met de la musique douce et joyeuse, on visualise collectivement un énorme vortex de lumière pour tous nos chers défunts.
Ensemble et avec le sourire, on libère nos frères, notre Terre et nos cœurs.
Une ville entière, lavée de multiples tensions, un poids qui s'en va, une légèreté retrouvée en un instant, et des êtres qui retrouvent le chemin.
Deux minutes suffisent.

COMMUNIQUER AVEC LE GUIDE DU DÉFUNT

Nous ne sommes pas obligés de nous relier aux énergies du bas astral pour communiquer avec un défunt. Jamais je ne me branche directement à une entité « bloquée ». Je ne donne jamais non plus mon bras ou même mon petit doigt pour que l'entité puisse écrire un mot à travers moi.
Notre corps est un Sanctuaire. La création a manifesté notre corps dans le but de l'expression du Grand Principe, par l'âme qui fait le lien.
Je n'ai pas à le quitter ou à le prêter, hormis dans des cas exceptionnels (dans une conscience plus soutenue de cette grande responsabilité).

> **Bien que ces entités soient en demande ou perdues, elles ont un guide. C'est à travers lui que je vous conseille de communiquer.**

Tout ceci se fait instantanément, juste en conscience. Exactement comme lorsque nous nous branchons avec le défunt lui-même, à la différence que nous nous branchons dans les hautes vibrations et que nos corps physique et énergétique ne sont donc jamais exposés.

En multipliant mes voyages astraux par projection, j'ai développé une approche consistant à me projeter directement à l'endroit souhaité pour avoir une vue d'ensemble sur la situation. Ce qui me permet, sans aucun contact avec le bas, d'agir pour le bas.

Aujourd'hui, c'est toujours le cas lorsque je suis amenée à agir. Mais la montée vibratoire des énergies de notre planète, les actions sur les défunts sont très souvent par centaines en même temps, voire par milliers, comme j'ai été amenée à le réaliser.

J'ai vu le « grand nettoyage » en cours, les arrivées des nouvelles énergies qui intègrent la matière et l'incapacité pour les défunts non passés dans la lumière de poursuivre dans une telle configuration.

Aucune entité n'est laissée pour compte.

La bonté d'âme, la bonne intention sauve une autre âme, mais les âmes coincées ne sont pas laissées pour compte.

Tout est absolument parfait et juste pour celles-ci. Car le blocage qu'elles vivent ne vient que d'elles-mêmes, profondément, et quand bien-même elles sont perdues, en tristesse, en colère ou alourdies par des émotions négatives, elles n'ont en réalité qu'à demander de l'aide, une seule fois, au plus profond de leur cœur pour que le portail lumineux s'ouvre.

Néanmoins, les passeurs d'âmes sont « essence-ciels » sur notre sphère en particulier.

Mais combien ont établi un lien direct avec les basses vibrations, ralentissant grandement leur propre évolution ? Dans l'évolution vers laquelle nous tendons, les nettoyages se feront par milliers puis par millions grâce au cheminement des êtres incarnés.

Il est important d'agir sous l'autorité du cœur, et non sous celle d'une entité.

AIDER LES DÉFUNTS : PORTES, PORTAILS ET VORTEX

« Tout humain est un prolongement de la Source qu'il a en lui. Il est une porte lumineuse, car il est Lumière ! »

Si vous êtes ici par idée, intuition (merci à vos guides !), alors ne doutez pas de leur présence et ayez toute confiance en eux dans cette réalisation qui a pour vocation la reconnexion profonde avec votre maison intérieure : celle qui sait ouvrir les portes, portails et vortex des plans supérieurs.
Gardez à l'esprit que les entités bloquées, c'est comme les humains encore incarnés. Il y en a pour tous les goûts ! Et il ne nous sert à rien de les juger. On va simplement les aider, nous aider et aider notre planète par la même occasion.
Nos chers « amis » bloqués sont dans un état émotionnel négatif qui les maintient dans une vibration basse. Tous n'ont pas la même vibration selon la ou les émotions qui empêchent leur libération. Donc, ils ne sont pas tous sur la même fréquence et ne se voient pas tous entre eux.

✸ Aide par projection de conscience

Gardez en conscience que vous êtes accompagné par votre équipe lumineuse comme co-équipière à la réalisation des portes, portails et vortex. Nous ne sommes jamais seuls.

Se placer dans l'image en action, « l'image-in-air » ou en mode trip

Vous allez de vous-même, par idées, envies et inspirations, vous projeter en certains points de vos habitations, à l'intérieur et parfois même à l'extérieur de celles-ci.
Vous allez avoir envie d'ouvrir, de réaliser des formes sphériques, des ouvertures, des siphons, des créations qui prendront de multiples colorations et qui vous demanderont de libérer toute votre créativité.
« L'image-in-air » **posera le décor, la visualisation créera les portes.**

Se placer dans la pleine expression de toute la créativité qui sommeille

Cette créativité en vous a envie de se dévoiler pour devenir de formidables réalisations hautes en couleurs et en vibrations !

Vous êtes des portes lumineuses qui ouvrent d'autres grandes portes lumineuses. L'intention se voudra sur vous, votre lumière, pour vous laisser créer ces ouvertures, divinement guidés par vos équipes en co-création.
En ces réalisations, vous êtes le pilier, la passerelle lumineuse entre les vibrations du bas astral et les portes célestes des sphères d'accueil. Soyez ce juste qui harmonise les deux pour augmenter, par votre rayonnement, votre lumière, les vibrations des âmes en demande pour les amener, par vos créations, à rejoindre les hautes sphères des maisons d'accueil entre incarnations.
Je vous laisse le soin de découvrir ou redécouvrir les différentes aides des plans supérieurs tels les anges, les nettoyeurs du ciel, les guides, maîtres et enseignants vous épaulant, les Élémentaux en soutien tellurique, les habitants de l'intra dans des réalisations de vortex par la Terre, des célestes pour les portails cosmiques, mais aussi des personnes que vous connaissez, qui vous aident de l'autre côté pour ouvrir de jolies portes sur mesure.

Ne doutez pas de votre potentiel illimité de réalisation !

Certaines lumières seront amenées à réaliser au-delà des habitations, dans des demeures plus vastes, pour une aide au-delà de nos chaumières. Tout dépendra de la volonté de chaque lumière et de sa capacité de croire en elle.

POUR LES LUMIÈRES DÉBUTANTES

Bravo ! Vous avez toujours été des *ghostbusters* et ce « pas-sage » à l'action est une simple reconnexion à cette réalité.
Le point central, c'est VOUS. Évitez de vous relier aux entités bloquées en pensant trop à elles, élevez vos vibrations en pensant plutôt à votre équipe lumineuse qui s'est réunie tout autour de vous dans la joie et la bonne humeur pour vous aider. Ce que vous allez faire est très chouette !
⟶ Évitez le plus possible de vous remplir la tête de questionnements et essayez au maximum de vous considérer déjà comme un *ghostbuster* « OR père ».
⟶ Soufflez un bon coup, souriez et procédez ainsi si le cœur vous en dit :

- Projetez-vous dans la pièce de votre habitation, celle que vous souhaitez. Faites un choix même si plusieurs se présentent à vous. Chaque chose en son temps.
- Imaginez-vous avec toute votre équipe lumineuse. Ce n'est pas important si vous vous y reprenez à plusieurs fois ou que vous ne voyez pas très clairement. Le principal est toujours l'intention !
- Visualisez une porte, un vortex, un portail, ou toute autre ouverture que vous avez envie d'imaginer. Ce n'est pas important si votre réalisation change de forme en cours de route. L'important est l'ouverture !

- Prenez le temps qu'il vous faut, reprenez plusieurs fois si vous en avez envie, projetez-vous dans d'autres pièces, sur le toit, dans les alentours... Créez autant d'ouvertures avec autant de couleurs que vous le souhaitez.

Dès que vous commencez à douter, videz-vous la tête. Si vous avez du mal à vous vider la tête. Stoppez et reprenez plus tard.
Tout ce que vous réaliserez en cet instant-là sera exactement ce que vous deviez faire. Ne vous jugez pas trop sévèrement et, si vous attendez beaucoup de vous, libérez à fond vos inspirations et laissez-vous créer !

✷ Le nettoyage après ouverture des portes

Il y a encore quelques années, le nettoyage était beaucoup plus lourd, alors qu'aujourd'hui il est simple, rapide et efficace ! Merci l'augmentation des vibrations !
Le nettoyage et la purification sont nécessaires lorsque nous avons ouvert les portes pour aider nos « amis ». Car lorsqu'ils rejoignent les sphères d'accueil, ils se délestent de ce qui les retenait dans cette vibration moins élevée où ils cherchaient une porte de sortie. Pour évacuer leur mental et toutes les énergies résiduelles, vous pouvez faire appel aux nettoyeurs des cieux. Ils sont lumineux et si efficaces que j'ai beaucoup fait appel à eux. Vous pouvez aussi demander à votre équipe, demander à coréaliser avec eux, aux vibrations du rayon bleu, ou encore du rayon violet qui redonne la neutralité aux énergies... Là aussi, vous avez en vous la capacité de créer par tout votre pouvoir de créativité un merveilleux nettoyage en profondeur, en libérant complètement vos inspirations !
Vous pouvez aussi, comme je le conseille à nos jeunes lumières en devenir, demander cette étape au coucher, avant de dormir pour une réalisation en état de veille.

QUESTIONS PRATIQUES POUR DÉMARRER

J'ai plusieurs lieux, maisons, cabinets...
Vous vous projetez où vous voulez, autant de fois que vous le souhaitez, vous êtes libres ! Vous pouvez aussi développer la capacité de vous projeter dans plusieurs lieux à la fois en conscience.

J'ai peur de ne pas bien m'y prendre
Vous n'êtes pas seul, votre équipe fait une grande partie du travail ! Alors si vous avez du mal à vous faire confiance, essayez de leur faire confiance.

Comment savoir s'ils sont bien partis et si les portes sont bien ouvertes ?
Vous avez le sourire, vous vous sentez envahi d'amour, une vague vous donne envie de pleurer de liberté ? On peut ressentir vraiment beaucoup de choses !
Et pour ceux qui ont besoin de réponses plus formelles :

- Votre champ, votre bulle, votre corps éthéré, se rétracte au négatif et s'épand au positif. Quand la réponse à une question est « non » vous sentez ce champ se rétracter et quand la réponse est « oui » vous le sentez se dilater.
- Si vous avez du mal à vous ressentir, vous pouvez vous aider d'un pendule ou de quelque chose qui en fait office. Exprimez votre « non » et votre « oui » au pendule pour regarder quel est leur mouvement respectif.
- Si vous avez peur de dire « oui » et de penser « non » et donc de brouiller votre pendule, préférez ces affirmatives :

2 + 2 = 4 pour le oui
2 + 2 = 3 pour le non
Ensuite posez votre question.
Je vous conseille de ne pas trop utiliser votre pendule car il place l'écoute intérieure à l'extérieur de soi ! Alors, bien qu'il puisse être un indicateur pour infirmer ou confirmer, on n'est jamais mieux servi que par soi-même !

Je ne suis pas chez moi.
Vous pouvez vous projeter chez vous de n'importe où ! La projection est très simple lorsque l'on connaît le lieu. Alors ne doutez pas de pouvoir vous y rendre, ne doutez pas de vous ! Aimez-vous !

CRÉER UN VORTEX DE LUMIÈRE PERMANENT

Si vous avez l'habitude de communiquer avec les défunts et de les laisser passer les portes sans cesse, vous pouvez créer un vortex de lumière permanent. Il vous fera gagner du temps et de la sérénité.

Pour cela, suivez les étapes :

1. Tout d'abord, choisissez un lieu.
2. Demandez si c'est un choix qui convient à tous vos guides (soit en direct, soit à votre Vrai Moi, soit avec un pendule).
3. Faites appel à vos anges et vos guides, ainsi qu'aux défunts qui vous attendent s'il y en a.
4. Expliquez avec le cœur votre désir d'ouvrir un vortex pour faciliter le passage de tous les défunts à proximité afin de leur apporter la paix qu'ils recherchent, de libérer les demeures de vos colocataires invisibles, pour la paix, pour l'harmonie de tous, pour aider. Pour l'Univers.

Après cela, vous pouvez sentir le silence devenir plus compact (un peu comme à l'intérieur d'une salle de cinéma) et tout votre corps vibrer plus fort. Mais surtout, vous pouvez sentir le lieu changer, tous les alentours chargés d'énergie tel un épais brouillard. Cela peut être un moment fort, intense, infiniment apaisant et excitant à la fois.
Attention, cela n'empêche pas les défunts de passer de façon inopportune. Car vous êtes le lien. Un médium est un canal et sert de médiateur...
Maintenant que le vortex est là, vous n'avez plus besoin de faire le « portier ». Demandez simplement à vos anges et vos guides de guider le ou les défunts au vortex. Visualisez en même temps le chemin et hop ! C'est presque instantané. Et n'oubliez pas de régulièrement demander à vos guides si c'est toujours la bonne solution !

Le soin des habitations

Ce soin, qui a pour but de nettoyer, épurer et élever le niveau vibratoire d'un habitat, s'articule en deux parties.

1. LIBÉRATION DES MÉMOIRES, DES DÉFUNTS POTENTIELS ET DES ÉNERGIES RÉSIDUELLES DE L'HABITAT.

Dans cette première étape, à l'aide des explications fournies à la page 78, vous êtes en mesure d'ouvrir des portes, portails et vortex, afin de nettoyer tout ou une partie de votre lieu de vie, en vous focalisant par exemple sur les pièces dont les énergies vous paraissent plus pesantes, plus lourdes ou oppressantes. C'est une étape significative, nécessaire au soulagement des énergies résiduelles qui peuvent êtres présentes dans les lieux. Cette action contribue également au soulagement de notre chère mère la Terre.

Il est important de se libérer des peurs pour vous laisser accompagner en confiance par votre équipe lumineuse, avec l'intention claire de purifier votre demeure pour en alléger ses énergies.

Nettoyer son foyer, c'est aussi nettoyer sa propre maison intérieure, afin de favoriser une reconnexion profonde avec celle-ci. Tout comme il existe des ponts, des portails et des vortex d'énergies au travers des mondes subtils, il en est de même dans votre sanctuaire intérieur. Ce sont ces portes en vous-même qui vous donnent accès aux plans supérieurs de votre être et qui vous permettent de percevoir, écouter, sentir et communiquer avec le monde subtil.
Vous êtes maître des lieux et je vous invite à laisser votre intuition vous guider pour agir où il vous paraît judicieux de le faire. Vous pouvez agir directement dans une pièce de votre maison et ressentir les énergies de la pièce se transformer, s'alléger ou encore s'adoucir. Vous pouvez avoir la sensation que « la musique des lieux » change, comme si elle devenait plus joyeuse, plus radieuse. Laissez vos sens intérieurs vous parler en profondeur.

Des signes peuvent vous témoigner directement du nettoyage que vous réalisez, un rayon de soleil qui entre, un oiseau qui chante, des enfants qui rient. Si vous restez à l'écoute, dans un profond silence intérieur, ces manifestations seront de plus en plus évidentes et vous ressentirez de véritables bénédictions directement à travers votre cœur.

Les nettoyages n'ont pas de durée définie, vous pouvez avoir la sensation qu'ils se réalisent très rapidement ou au contraire, qu'il vous faut davantage de temps pour épurer les énergies de la pièce.

✷ Un soin pour vous

Ici, dans ce soin, cet accompagnement à l'ouverture des portes, portails et vortex, vous vous êtes occupé de vous-même. Vous avez ouvert ce pouvoir en vous, ouvert ces portes intérieures sur une infinité de plans. Celles-ci sont toutes autant de parts de vous-même que vous avez retrouvées.

Chacun de vous qui se réalise un peu plus amène d'autres lumières à se réaliser.
Toutes nos réalisations nous réalisent, nous poussent à nous réaliser toujours plus et entraînent l'autre à se réaliser.
Ces ouvertures que vous avez accomplies sont les miroirs d'ouvertures réalisées en « vous-m'aime », par amour-conscience. Chaque ouverture vous permet des libérations en chacun des plans qui vous composent. Les plans physique, émotionnel, mental et spirituel.
Si des émotions vous ont envahi, des sensations physiques, des idées qui sont venues comme une brise vous porter conseil, sachez que c'est grâce aux ouvertures que vous vous êtes permis de réaliser en vous que vos portes intérieures se sont ouvertes encore davantage.

À GARDER À L'ESPRIT

Tout part toujours de l'intérieur pour rayonner comme un soleil. Le soleil n'attend rien pour briller, il aide le monde. Il lui livre sa lumière qui le réchauffe, fait germer les graines qui le nourriront, fait s'illuminer ses paysages, éclaire sans attendre. Ce soleil est aussi en l'être humain et c'est cette Lumière que l'on active en nous pour créer, en attraction naturelle avec tous les soleils de la Création. Ainsi, l'intention de rayonner, d'irradier d'Amour doit rester l'unique priorité de toutes vos actions.

« Quand chacun ressentira cet appel en son centre, le travail sera déjà fait. »

2. PURIFICATION ET AUGMENTATION DE LA VIBRATION DU LIEU D'HABITATION, EN SYNERGIE AVEC VOTRE VIBRATION PROPRE

Cette étape est une véritable bénédiction pour vivre au mieux dans un lieu en harmonie avec notre rayonnement. Celle-ci est vouée à profiter de l'accélération des particules pour transcender nos maisons dans un courant porteur et paisible. Il aura comme effet une libération des actions et projets créateurs.
Afin de participer en conscience à cette montée vibratoire de nos lieux d'habitation, une planche du spectre des couleurs et son mode d'utilisation vous sont fournis afin de pouvoir suivre la montée vibratoire générée par le soin.

✷ Ne rien mentaliser

Il est absolument nécessaire de ne rien mentaliser. En d'autres termes, plus vous vous libérerez de toute attente et conceptualisation mentale, plus vous libérerez l'énergie supérieure de vos corps subtils. Cette énergie de très grande vibration est actuellement multipliée par les grandes fréquences des Célestes mais aussi des peuples de l'Intra-Terre qui nous aident à harmoniser le champ de fréquence de la surface.

✷ L'action par la présence

Pour cette seconde étape, nous avons besoin de votre présence et de votre capacité à réceptionner l'énergie d'élévation qui favorisera la montée en vibration de votre lieu d'habitation. Il s'agit ici de vous déposer dans la pièce de votre choix et d'entrer en vous-même avec l'intention claire de solliciter les hauts plans d'énergie pour en inonder votre foyer. Prenez un moment pour vous installer dans une position confortable, tout le travail se réalise en vous et autour de vous. Vous êtes ici le pont, l'être qui relie, qui reçoit et qui diffuse.
Lors de ce retour à soi, vous pourrez éventuellement ressentir l'envie profonde de vous rendre au-delà des frontières de votre foyer, comme si vous étiez appelé à voyager, à aller plus loin ou à servir ailleurs. Des images et des sensations peuvent vous parcourir et entrer en résonance avec vous, de multiples manières.

✷ Se rapprocher de la fréquence céleste

La Terre en son centre, l'Agartha, connaît plusieurs cités, toutes sur des plans supérieurs de vibrations. Du centre jusqu'à la surface, la plus vibrante partant du soleil central. Même si à la surface de la Terre, la différence de fréquence est

encore très importante, l'accélération du temps due à la montée des énergies de transition nous permet aujourd'hui d'incarner ces piliers rayonnants !
Il s'agit dans ce soin de ré-harmoniser cette différence afin de s'approcher davantage de la fréquence intérieure et de la fréquence céleste.
Certains d'entre vous sont des piliers cosmiques, d'autres telluriques, tous sont des liens lumineux entre les plans. Pour ce soin, certains seront amenés à aller dans les profondeurs de l'Agartha par de magnifiques cheminées telluriques, transformant leurs habitations mais aussi plusieurs points magnétiques de la planète en une magnifique force de vie.
D'autres seront conviés à se rendre sur d'autres sphères afin de connecter leurs codes supérieurs et d'en inonder la Terre pour que chaque élément puisse l'imprégner en son centre. De même pour tout ce qui y vit.

✷ Toutes vos réalisations ont un impact direct sur vos lieux de vie

Plus vous rayonnez, plus vous inondez les matériaux amalgamés et les énergies des plans astraux de lumière intense.
Toutes ces réalisations se feront en conscience par l'humain qui, dans sa justesse intérieure, considère les image de l'air (« *image-in-air* ») comme des reflets des plans subtils. Il doit prendre conscience que ces plans sont aussi compris dans la réalité de son existence. Votre vrai Vous n'est pas amalgamé en un corps de chair. Celui-ci nous a été prêté par l'énergie de notre mère et c'est ICI que la réalité n'est qu'une image projetée sur votre outil oculaire. Alors libérez-vous de vos propres jugements, permettez-vous d'entrer dans ce JE d'enfant.

✷ Libérer le mental

Pour ce soin, le conseil unique est de veiller à libérer le mental de toute réflexion, aussi longtemps que vous le pourrez, en maintenant une vigilance de Paix intérieure, évacuant les pensées de contrôle, maîtrises et questionnements mentaux (faire, interpréter, comprendre, connaître). Car seuls les savoirs et la connaissance supérieure sont utiles à l'élévation. Et ces derniers, ils ne viennent pas par les pensées inférieures.
Plus vous arriverez à maîtriser ce flux de votre mental inférieur, plus il sera aisé de vous libérer instantanément et de vous rapprocher naturellement du flux supérieur libérant l'inspiration, d'avoir « l'esprit ailleurs ».
Très simplement : lâchez-vous la grappe et incarnez le vide !

Voici un modèle de planche du spectre des couleurs.

Afin de se libérer le plus possible de la mentalisation, permettez-vous de suivre l'évolution de la montée vibratoire de votre lieu d'habitation (ou ceux de vos choix) en étant un simple spectateur des couleurs rendues. N'essayez pas de comprendre sur un niveau inférieur, permettez-vous d'entendre ce que cela résonne en vous, au-delà du jugement ou d'une compréhension trop matérielle. Les longueurs d'ondes peuvent varier d'intensité durant le soin.

Pour avoir la confirmation du soutien de votre équipe

Constatez la longueur d'onde d'une pièce en demandant d'être seul. Puis demandez d'être à nouveau accompagné par toute votre équipe lumineuse et constatez de nouveau. Cela apporte un doux réchauffement au cœur en tout notre corps.

✷ Petit mode d'emploi pour suivre l'évolution vibratoire de vos lieux d'habitation et la vôtre

- Déposez un pendule (ou un poids relié à un fil) dans le petit cercle du milieu puis levez-le délicatement.
- Vous pouvez initier légèrement le mouvement qui prendra sa direction tout seul sur la planche. Il choisira la lumière, le couloir d'une couleur.
- Videz-vous la tête de vos pensées ou n'y prêtez pas trop d'importance. Vous pouvez demander à votre équipe d'établir les bonnes conditions énergétiques pour une meilleure fluidité, juste par intention.

Plus la longueur d'onde est petite plus la vibration est élevée. Plus la longueur d'onde est grande, plus elle est lente.

J'ai délibérément souhaité ne pas intégrer d'unités numériques sur cette planche vu les montées récentes d'énergie. La Terre étant dans une période de transition, ces valeurs sont en évolution permanente et ne peuvent plus être quantifiées comme on le faisait jusqu'ici en unités bovis. Les couleurs sont de formidables indicateurs de variation des ondes.

- Vous pouvez questionner sur l'habitat en entier et vous-même.
- Vous pouvez également suivre la montée par pièce, par quartier si vous en avez envie, villes, pays... Il n'existe aucune limite.

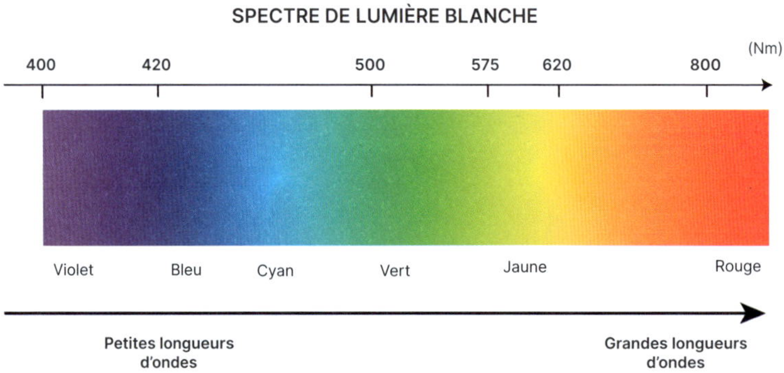

- Vous pouvez aussi la suivre sur chacun de vos corps : physique, éthérique et spirituel. Le corps physique ayant une vibration plus lente et les corps spirituels plus élevée.
- Grâce à cette planche, vous pouvez questionner votre Moi supérieur pour vous indiquer la couleur d'un chakra ou pour toute autre question personnelle.

- Veillez à votre état émotionnel avant de poser vos questions pour ne pas répercuter une émotion lourde, une basse vibration sur le résultat. Une courte méditation juste avant vous placera dans de meilleures conditions.

L'évolution peut se dérouler en dents de scie, relative aux énergies alternatives qui s'équilibrent en ce moment. Plus le taux vibratoire planétaire augmente, plus les énergies complémentaires sont importantes. Les hauts et les bas sont de plus en plus abyssaux.
Cette planche est un outil de prise de conscience mais ne doit pas se substituer aux ressentis intérieurs ni être porteuse de doutes.
Soyez certain que toutes les lumières profitent en profondeur de la montée vibratoire.
Cette deuxième partie de soin est un tremplin pour aider les lumières dans leur intégration en leur centre.

Message d'après soin

Ce soin est voué à harmoniser l'intensité vibratoire de nos demeures, de toutes formes et d'horizons soient-elles, avec nos temples intérieurs. Tout cela, dans la volonté du cœur d'intégrer au mieux les montées d'énergie en cours, leurs courants alternatifs, nos anciens schémas à libérer et nos futures réalisations à choyer dans la force de toute notre créativité intérieure.

« Pour construire une maison, on commence par les fondations. »

Nos fondations sont par moment chamboulées, rendant parfois difficile notre capacité à nous libérer de nos autopollutions pour rester dans un alignement permanent et évacuer en même temps tout ce qui remonte à la surface.
Nos demeures et toutes les demeures de la Terre ne doivent pas être des sources de stress, de préoccupation mentale ou de petites angoisses journalières. C'est à nous, en nos centres, de les considérer comme des temples de plénitude, où le partage et le respect sont des priorités, où le bonheur est perçu à l'énergie qui l'inonde, qui épouse ses murs et ses meubles au-delà de leurs apparences.

C'est ainsi aussi qu'il nous faut accepter nos propres demeures charnelles, notre reflet dans le miroir, simple représentation de ce que nous laissons percevoir de nous-mêmes. Et c'est la même chose pour notre demeure émotionnelle !

La plus rayonnante des demeures est notre divinité.
Jamais elle ne cesse de nous éclairer, De nous protéger de nous-mêmes,
De nous accueillir en chaque blessure, De répondre à chacune de nos demandes,
De nous amener là où nous saurons apprendre,
Là où nous saurons comprendre,
Mais avant tout, là où nous saurons être Libres d'être nous,
Libres d'être elle,
Car nous sommes notre divinité,
Et notre divinité est ce que nous sommes.
Notre demeure éternelle est sage et bienveillante.
Elle sait rester discrète quand nous choisissons de nous déplaire.
Elle sait rester loyale quand nous choisissons de nous respecter.
Elle sait rayonner l'amour quand nous nous confions à elle.
Elle respecte tout ce que nous sommes, tout ce que nous choisissons d'être car elle est nous.

La planche du spectre des couleurs

Les couleurs ont toutes leurs codes intemporels et universels. Elles ne vibrent pas toutes de la même manière et ont chacune un rôle et une attraction particulière avec vous. Laissez-vous enseigner et souffler cela par les Maîtres des 7 rayons.
Les couleurs n'attendent pas de réfléchir, elles sont telles qu'elles sont. Toutes magnifiques et uniques.
Elles sont la manifestation du Tout, exactement comme vous. Issues de la première lumière, elles rayonnent sur Terre.
Elles n'ont pas besoin de savoir pour être, pas besoin de corps pour s'identifier, de nom pour s'appeler.
Elles sont un rayon pur et varient entre elles en s'harmonisant au son de l'Univers.
Ces couleurs sont toutes dans notre maison intérieure. Chaque partie de moi qui s'est promenée a pu voir l'immensité de la lumière que vous rayonnez.

Communiquer et entrer dans le monde des Élémentaux

CHAPITRE IV

Fées, lutins, elfes, dévas, gnomes pour les plus connus, notre Mère Nature est assistée de merveilleux ouvriers de la Terre, l'accompagnant dans ses cycles de transformation et de renaissance perpétuels.
Qui sont-ils ? Que font-ils ? Quel est leur rôle ? Que pensent-ils de nous ?
Quels sont leurs rapports à nous ? Comment nous perçoivent-ils ?
Quelles sont leurs habitations, leurs organisations sociales, leurs coutumes, leurs habitudes ?
Quels soins ou quels conseils peuvent-ils nous donner ?
Il y a tellement de questions à se poser pour découvrir ce monde incroyablement varié que celui des esprits de la nature ! Et si on leur demandait directement ?

En suivant les étapes ci-après, vous pourrez, de manière simple et ludique :

- inviter un esprit de la Nature à partager avec vous ;
- communiquer avec les Élémentaux ;
- apprendre à voir et découvrir l'Univers des Élémentaux ;
- intégrer dans votre quotidien leur aide précieuse.

L'expérience est le meilleur enseignant.

Croire et respecter leur existence

QUI SONT-ILS ?

Les Élémentaux sont les esprits des éléments, d'où leur nom !
Ils participent aux changements des saisons, aux migrations des animaux, au dynamisme de la nature et veillent au bon déroulement de sa tranquillité et de sa prospérité.
Ils sont les garants de l'abondance. Ils soutiennent le flux de la vie en tout être vivant sans conscience manifestée.
Les Élémentaux n'aiment pas particulièrement les humains. On peut les comprendre, après tout ce que l'humanité actuelle a détruit et continue de détruire. Néanmoins, ils voient votre lumière et votre intention. Un cœur conscient brille à leurs yeux et ils captent parfaitement votre envie de communiquer et de servir pour faire briller le monde.
Ce qui nous donne un point commun. Un *but* commun !
Dans cette période de transition planétaire, les esprits de la Nature sont unis afin de multiplier leurs efforts pour soutenir et accompagner la transition de la planète au même titre que de plus en plus d'humains conscients s'unissent et participent à cette transition par leur propre transformation intérieure et leur engagement envers la vie.

OÙ LES TROUVER ?

Pour entrer en contact avec un esprit de la nature, nous ne sommes pas obligés d'aller dans une forêt ou au sommet d'une montagne. En effet, **là où il y a des animaux, des plantes, de l'air et de l'eau, il y des Élémentaux !**
Cela dit, se rendre dans des lieux préservés de la nature peut rendre la communication plus aisée. Ces lieux empreints de l'harmonie naturelle des éléments portent souvent une vibration élevée qui, mariée à la nôtre, nous ouvre naturellement plus d'intimité quant à nos perceptions.
Ils se trouvent souvent sur nous. Ils bricolent, réparent, nous font beaucoup de bien. Certains d'entre eux nous accompagnent comme des guides. Ils peuvent se relayer en fonction de ce dont nous avons besoin. Plus nous établissons le lien avec eux, plus notre habitation monte en vibrations et devient belle pour les êtres de la Nature.

Si nous passons notre journée au bord de la mer, certains peuvent nous accompagner jusqu'à notre habitation, voire beaucoup plus loin s'ils en ressentent l'envie.
Les enfants sont entourés également des Élémentaux.

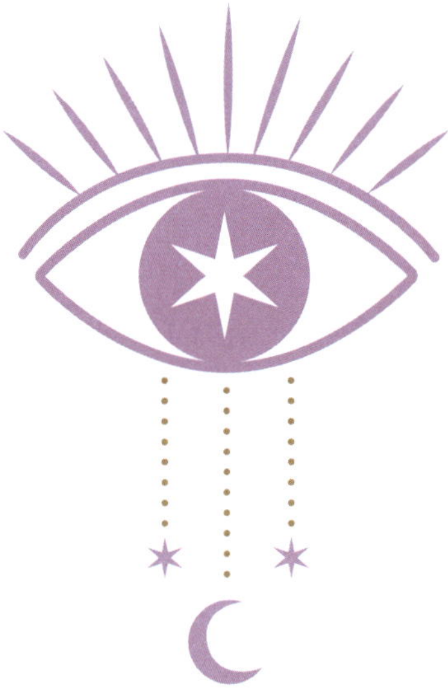

Établir le contact

Le mental nous dirait : pourquoi faire simple quand on peut tout compliquer ? Afin de fluidifier la communication, revenons à l'essentiel : vous n'avez pas besoin de potion magique ou de pouvoir spécial. Vous êtes tous dotés d'une antenne, la même qui vous sert à réceptionner les idées de vos guides et de votre équipe lumineuse. Cette antenne qui vous donne cette capacité d'être inspiré, d'« image innée », de recevoir les véritables UN-formations.

SAVOIR LES RESSENTIR

Se relier à un esprit de la nature est une simple question d'intention. Vous pouvez choisir de vous relier à une famille en particulier, comme les fées, les lutins ou les dragons pour les plus connus.
Si je souhaite me relier à une fée pour pouvoir communiquer ou simplement sentir sa présence, il me suffit d'en avoir l'intention. Oui, c'est tout !
Ne doutez pas de la simplicité extrême de la reliance et de la communication ! Plus vous serez dans un état d'esprit simple, présent, calme et neutre, plus votre mental se calmera afin d'expérimenter sans tenter de vous convaincre que les choses sont bien plus compliquées.
Je vous promets que l'intention est la seule un-pulsion dont vous avez besoin pour créer le tuyau de réception des mots, images et inspirations qui vous viendront en tête sans raison. Dé-bri-dez-vous !

INVITER UN ESPRIT DE LA NATURE

Les Élémentaux vivent uniquement dans le présent. Lorsqu'on les invite, c'est dans l'instantané qu'ils se déplacent. Au cours de cette étape, il s'agit de poser les doutes de côté et d'agir comme un enfant, simplement dans la volonté du cœur, en évitant un maximum de nous laisser polluer par nos propres suspicions. Celles-ci sont de vrais freins pour ressentir et développer les ressentis !
Invitons maintenant, dans le lieu de notre choix, intérieur ou extérieur, un esprit de la Nature à se présenter à nous.

PRÉCISER VOTRE DEMANDE

Vous pouvez préciser votre demande ainsi :
« je souhaite inviter la fée qui le désire à venir se poser à cet endroit. »
Les Élémentaux sont des êtres lisant parfaitement vos vibrations, tout comme vos guides. Si vous demandez ainsi à une fée de se joindre à vous, elle connait vos intentions et votre envie de développer votre ressenti ou de communiquer avec elle. Mais si votre envie est celle de vous convaincre, elle ne viendra pas...

QUI INVITER ?

Plusieurs cas peuvent se présenter à vous lorsque le choix d'inviter un esprit de la nature s'impose.
Vous êtes timide et vous ne savez pas si vous faites bien, s'il y a des règles à respecter ni qui inviter.
Oui, il y a des règles à respecter. Mais vous êtes en « *apprenti-sage* » et vos guides en ont bien conscience. Vous n'êtes pas seul dans cet exercice, sachez que vos équipes lumineuses ne manquent rien et sont ravies de vous aider et de vous accompagner dans cette expérience. Vous ne pouvez pas faire d'erreurs, vous apprenez, c'est tout.
Pour inviter, vous pouvez simplement penser à un être de votre connaissance. Faites-le en affirmation en « vous m'aime » et libérez un maximum les « est-ce que ça marche ? », « C'est bon ? », « Est-ce que j'ai bien appelé ? » N'essayez pas, faites-le.
De la même manière que vous n'essayez pas de vous toucher le nez avec la main, vous le faites, c'est tout.
Respirez calmement et invitez l'être qui vous vient à l'esprit, en mot ou en image. Peut-être que vous allez imaginer un être d'une apparence totalement inconnue, jamais vue auparavant ! Il y a tellement d'êtres de la Nature !
Au moment où vous choisirez celui qui vous vient ou qui vous fait le plus envie dans l'instant, c'est précisément celui qui se présentera. Alors, commencez par lui dire bonjour !
S'il y en a plusieurs, remerciez-les tous et demandez à l'un d'eux, en vous, de poursuivre avec vous.

LES APPRIVOISER

Certains êtres de la Nature que vous percevez peuvent ne pas vouloir vous parler. N'y voyez aucune animosité.
Ils sont dans des sphères où les choses sont communiquées de manière franche, sans hypocrisie.
Si un être de la Nature ne sent pas utile de venir vous voir, ce n'est pas un rejet mais juste un Non du cœur. Franchise et amour.
Si l'envie de voir un troll arrive, écoutez-vous, leur douceur et leur pouvoir de guérison seront là pour vous aider sur le moment. Certains êtres de la Nature ont mauvaise réputation alors qu'ils sont de véritables amours !

Les Élémentaux ne sont pas là pour nous faire croire en eux. C'est notre travail de croire en nous et en tous les plans de la création. Ils ne sont pas là pour satisfaire notre curiosité. Nous devons faire attention à la manière dont nous les considérons. Les Élémentaux ont beaucoup à nous enseigner. Ils sont de fins guérisseurs et enseignants. Nous devrions nous positionner en élèves dévoués.

Les situer dans l'espace, les ressentir

Une fois l'invitation donnée, la réponse est instantanée.
Si, pour nous, humains de chair, il nous faut un laps de temps pour nous déplacer dans l'espace, un esprit de la Nature est bien plus rapide, se rapprochant d'un déplacement instantané.
Une fois en place, vous savez où se situe l'esprit que vous avez appelé. Nous pouvons alors utiliser nos ressentis pour prendre conscience de sa forme et de sa taille.
Attention à la température des champs de fréquence (voir p. 49). Un esprit de la nature est issu des plans supérieurs. Tous les Élémentaux ne vivent pas sur le même plan de fréquence. Certains vivent sur des plans très élevés en vibrations. Les champs de fréquence supérieurs n'émanent pas de sensation de froid.

✷ Collaborer avec eux

Vous avez invité un esprit de la nature à se poser sur un support, une table, une chaise, une petite boîte ? Vous savez désormais où il se situe ! Très souvent, ils sont farceurs et ne restent pas en place, mais si vous leur demandez gentiment de se placer à un endroit défini pour vous aider à apprendre, ils savent êtres conciliants. Certains sont même de grands enseignants qui sauront bien vous guider intérieurement, comme une belle intuition fluide.

✷ Une âme d'enfant

Si vous doutez, c'est normal, restez simplement le plus calme et le plus confiant possible, avec une âme d'enfant, pour être dans la gratitude de l'instant plus que dans le tumulte intérieur.

✷ Sensations à leur contact

Il existe des Élémentaux de toutes les tailles. Ne vous étonnez pas si vous ressentez une fée et qu'en la touchant vous constatez qu'elle est plus grande que vous.
La sensation lorsqu'ils nous touchent peut s'apparenter aux caresses des guides. Très fluides et douces. Toutefois, lorsqu'un lutin vient travailler sur notre tête pour nous faire évacuer des peurs, des blocages ou nous préparer pour la suite, nous pouvons avoir une sensation désagréable, comme un coup de mini-pioche !
Lorsqu'une douleur se manifeste, vérifiez avec votre main l'énergie qui se trouve à cet endroit. C'est la température et la sensation dans la main qui vous rassurera.

LES RESSENTIR

Si vous avez déjà développé vos ressentis physiques, vous pourrez facilement déterminer les contours de votre invité et vous faire une idée de sa taille et de sa silhouette.
La sensation va du neutre au tiède, voire chaud pour les plans très élevés. Vous pouvez en simplicité approcher vos mains et ressentir. Vos mains s'arrêteront d'elles-mêmes sur le contour de leurs énergies.
Si vous êtes encore timide dans vos ressentis, vous pouvez suivre ces conseils :

- **Je focalise mon un-tention sur mon invité**. Il s'établit ici un lien énergétique NATUREL, sans besoin de le mentaliser. Exactement comme vous le faites tous les jours en voulant porter votre verre à votre bouche pour boire, par exemple. Votre intention est pure, parfaite et instantanée, sans chichis ! En réalité c'est très simple, cela se fait naturellement !
- **Je vais commencer à approcher doucement la paume de ma main.** Je place mon attention (je suis attentif à ce que je ressens) sur ma paume. Il est très important d'approcher la main très très lentement et de partir d'assez loin pour ressentir une différence de densité. En vous, l'intention est naturellement que vous souhaitez délimiter la silhouette de votre invité.
- **Je ressens une micro-résistance, picotement et/ou micro-chaleur,** j'ai comme l'idée que ma main doit s'arrêter. J'ai atteint une couche. Attention, c'est très subtil, n'oublions pas que cette énergie est invisible car sa densité est très faible ! N'hésitez pas à vous y reprendre à plusieurs fois, ne vous jugez pas, placez bien votre attention sur votre paume, fermez les yeux si vous préférez et, surtout, croyez en vous ! La Foi manifeste, le doute efface.

EXERCICE DE RENFORCEMENT DE CONSCIENCE

Vous avez appelé un esprit de la nature et avez eu des ressentis. Afin de prendre confiance dans vos ressentis, vous pouvez demander un déplacement. Demandez simplement à ce même esprit de la Nature d'aller à un autre endroit déterminé. Constatez votre ressenti sur l'ancien puis sur le nouvel endroit.
N'oubliez pas de remercier votre invité qui vous aide avec une gentillesse profonde.

Communiquer avec votre invité

De la même manière que l'on reçoit les conseils de nos guides à travers nos idées et notre intuition, nous recevons à travers cette Communication universelle les « un-formations » des esprits de la nature !

✷ Savoir leur poser des questions et écouter les réponses

La communication inter-fréquences est absolument la même pour tous vos interlocuteurs invisibles, qu'ils soient des Élémentaux, des guides, des Célestes...
La communication se fait par essence d'information et est ensuite traduite par votre mental pour votre compréhension.
Elle est une idée, une intuition, une information informelle. L'idée vient d'un plan supérieur aux pensées : dès lors, elle est beaucoup plus rapide.
En réalité, lorsque vous allez formuler votre question, vous pouvez recevoir la réponse avant même d'avoir terminé la question.

✷ Astuces pour simplifier la communication

Pour communiquer avec votre invité, il va falloir libérer totalement la réflexion en vous et entrer dans le monde de la spontanéité, apprendre à calibrer votre intention pour recevoir spontanément un mot en réponse à ce que vous avez demandé. Plusieurs mots peuvent se présenter mais il y en aura un seul spontané ou plusieurs qui s'emboîtent sans raison. Les autres seront issus d'une réflexion « logique » du mental.
Prenez alors en considération ceux qui vous viennent à l'idée comme des « un-formations » et celles qui viennent suite à une déduction, (tel un bruit intérieur à apaiser), créée par notre turbine à penser.

Si vous éprouvez de la difficulté à faire la distinction, ne vous découragez pas. Passez à une autre question très rapidement et accueillez la première réponse qui vous vient en tête !
La question doit exiger la nature du terme de la réponse. C'est-à-dire qu'elle va demander un adjectif, un verbe, une couleur, une pièce de la maison, un chiffre...

EXEMPLE

— Coucou, chère fée ! Quel vêtement en ma connaissance se rapproche de ce que tu portes ?
— Une jupette.
— Sais-tu dans quelle pièce de la maison il y aurait un lutin actuellement ?
— Au seuil de la porte d'entrée.
— Avec quels végétaux travailles-tu ?
— Arbre.
La réponse est la PREMIÈRE qui vous passe par l'esprit. D'ailleurs, cette expression qui définit une idée n'est pas due au hasard.
Vous pouvez aussi lui demander son prénom. Elle vous en donnera un que vous pouvez prononcer.
Cela dit, il se peut que ce ne soit pas un mot qui vous vienne en tête mais une image.

LA COMMUNICATION À TRAVERS LES IMAGES

« *L'image-in-air* » est évidemment un excellent canal de communication. Toujours en posant des questions précises, vous pouvez spontanément imaginer la réponse sous forme d'image. Exactement de la même manière que pour l'écoute, vous pouvez simplement attendre de vous-même de la réceptionner.
Dans ce cas, il sera important de ne pas l'interpréter mais de l'accueillir exactement comme vous l'avez reçue, même (et surtout !) si vous ne comprenez pas tout !
Si l'image est furtive, c'est votre mental qui vous fait croire que ce ne sont que des « flashs », or « *l'image-in-air* » n'est pas dépendante du temps et de l'espace.

Et votre mental est une base de données, seul votre esprit décide. Il n'y a aucun hasard, alors posez-vous la question de savoir pourquoi votre mental n'aurait pas choisi une autre des millions de données qu'il contient ?
Demandez à fixer cette image « dans votre tête ».
Une autre astuce consiste à la faire bouger comme une petite vidéo pour ne pas la perdre de vue.

RAPPEL

- Les Élémentaux n'ont pas de jugement sur ce qu'ils ont à nous dire.
- Notre moral ou nos limites ne les concernent pas.
- Ils ne vivent pas la dualité présente comme chez nous.
- Ils sont libres de leur parole.
- Ils peuvent se moquer gentiment de nous pour nous aider à prendre du recul ou nous faire monter en vibration.

Voir votre invité

Vous avez réussi à voir l'image en réponse à votre question ? Vous réussirez à voir les Élémentaux !
Ne soyez pas timide avec votre imaginaire (« *image-in-air* »).
Si vous avez développé assez de confiance pour croire aux images et aux réponses, alors vous pouvez aller plus loin et demander de voir votre fée chérie.
Pour cela, faites votre demande exactement comme les questions précédentes : « Comment sont tes chaussures ? » → une image de ballerines bleues, il y a même un pompon couleur crème !

Servez-vous de votre vision intérieure, croyez ce que vous voyez !

C'est le moment de voir votre invité sur son plan !
Peut-être avez-vous déjà posé des questions sur ses vêtements à l'étape précédente. Si ce n'est pas le cas, vous pouvez focaliser sur tout un tas de petites questions pour pouvoir ensuite obtenir une image générale de son apparence : la couleur de ses vêtements ? Chemise ? Chapeau ? Barbe ? Objet ? Chaussures ? Signe particulier ?
Vous pouvez avoir de belles surprises ! Laissez votre spontanéité peindre son portrait. C'est parfois plus simple que de demander tout de suite à voir son image en entier, surtout pour les débutants !
Ne jugez pas leur apparence, vous pouvez voir des esprits de l'eau ou autre avec une apparence un peu rebutante, comme des animaux marins... Ne pensez pas vous être trompé.

Tout est possible, vous seul pouvez vous limiter dans la réception des images.

Entrer dans leur monde

C'est le moment d'aller un peu plus loin dans les présentations et d'en découvrir un peu plus sur son rôle. Profitons alors de la disponibilité de notre invité pour lui demander la nature de son travail...
De la même manière que l'on a reçu les « un-formations » précédentes, nous pouvons spontanément recevoir des expressions comme « fond la glace », « tisse les feuilles », « reflets des eaux » ou encore l'imaginer en situation.
J'ai vu comme cela, au fil des années, l'immensité du travail quotidien que réalisent les Élémentaux au sein de Mère Nature, de vrais aides-soignants, chimistes, bâtisseurs et coordinateurs !

✷ Êtres multi-dimensionnels

Ils peuvent se trouver également dans des pierres ou des morceaux de bois. Ils sont l'âme de l'objet. Ce sont des êtres multidimensionnels, ils peuvent très bien se poser sur une améthyste, mais aussi dans d'autres univers. Ils aident la Terre, remplissent des missions à travers divers mondes. Un elfe peut se trouver chez vous pour faire circuler un réseau d'énergie mais aussi maintenir un vortex chez votre sœur tout en étant dans sa dimension à faire encore autre chose.
Si vous êtes arrivé jusque-là, vous n'aurez aucun mal à les imaginer travailler.
Un jour, dans mon jardin, j'ai voulu discuter avec une fée. Je me suis approchée de sa feuille et lui ai demandé ce qu'elle faisait. Elle m'a montré qu'elle faisait rouler les gouttes de pluie sur les feuilles pour drainer.
J'y ai vu tous les micro-capteurs des feuilles qui se nourrissaient de la précieuse goutte d'eau.

Travailler avec eux pour la Terre

Travailler avec les esprits de la Nature fait partie de la vie quotidienne d'un humain conscient de leur existence. Au fil de nos envies et de nos inspirations, nous découvrons toujours plus de profondeur à la dimension incroyable de la nature qui nous entoure et dont nous sommes nous aussi l'expression.

- **Ceux qui sont habités par des projets écologiques** ou juste par des envies de travailler la terre ou d'autres éléments sont déjà bien guidés par les Élémentaux qui correspondent. Ces grands élans du cœur et cet accompagnement créatif peut être la conséquence d'une origine céleste avec eux. Un sentiment d'appartenance à leur groupe.
- **Les personnes qui pratiquent les soins** sont bien accompagnées dans ce sens. Prodiguer un soin à une personne libère également la terre de ses lourdeurs. Nous sommes connectés à elle. Ce que nous portons, nous lui faisons porter. D'où l'intérêt de bien se décharger. Les humains sont aussi des esprits de la Nature.
- **Les couleurs des Élémentaux renseignent sur leur travail :** le bleu pour l'eau, le marron ou le vert pour la terre, le blanc pour l'air... Mais les couleurs perçues sont en fonction de ce qui vous parle, le but étant de vous transmettre un maximum de renseignements. Les loups-garous et les dragons font parties de la famille des Élémentaux sachant qu'ils travaillent pour la Terre et pour les humains. De très bons gardiens !

LE TRAVAIL AVEC LES ÉLÉMENTAUX

Si je suis encore timide avec mon « *image-in-air* », cela ne m'empêche pas de pouvoir travailler avec les Élémentaux. De travailler pour les aider.
En effet, nous, humains, pouvons librement bouger la matière. Ce qui peut conférer une aide précieuse à nos chers esprits de la Nature.

EXEMPLE

Si, en me promenant, je vois une pierre, je peux la prendre et rendre service ainsi :
— Chers amis, de quelle couleur souhaitez-vous que je charge cette pierre ?
— Bleu.
— À quel endroit souhaitez-vous que je la repose ?
— Buisson.

À nos débuts, nous ne savons pas exactement l'utilité de nos services. Mais à mesure d'écouter, et surtout de prendre confiance, nous apprendrons que cette pierre chargée de cette couleur posée à cet endroit a convergé vers un couloir tellurique stimulant un arbre et dynamisant toute une partie des autres végétaux.

LEUR DEMANDER DE L'AIDE !

Évidemment, nous rendons service de bon cœur avant même de pouvoir penser à ce qu'ils nous rendent service. C'est le minimum car, bien souvent, l'humain prend sans donner, comme un dû qu'il s'attribue.
Restons à notre place, c'est-à-dire égale à tout ce qui nous entoure et non au-dessus !
Les Élémentaux ne sont pas des oracles. Ils ne répondront pas à nos questions sur l'avenir. Même s'ils peuvent nous rassurer, ils ne rentrent cependant pas dans des considérations émotionnelles comme nous. Ce que nous pensons être dramatique ne l'est pas pour eux, qui savent que nous évoluons et que nous souffrons de résistances qui nous appartiennent. Si vous êtes submergé par l'émotion, une fée des eaux peut aider à la libération émotionnelle. Si votre ancrage a besoin d'être replacé, la fée de feu peut venir vous aider.

✷ Demander qu'ils nous aident

Nous pouvons aussi leur demander de charger une pierre.
Par exemple, lors d'une promenade en nature, vous pouvez demander à un gentil faune de charger une pierre trouvée par terre, de la charger en énergie tellurique car les esprits des arbres en ont une grande maîtrise !

✷ Demander des soins

Nous ne sommes pas obligés d'aller dans la Nature, les Élémentaux sont présents dans les maisons, d'autant plus quand nous avons des animaux.
Lorsque vous en avez l'idée, vous pouvez gentiment demander un soin à un ou plusieurs Élémentaux.
Essayez de déterminer ce que vous voulez soigner, équilibrer, libérer.
Ressentez dans vos corps subtils leurs agissements et si vous vous laissez plonger dans votre vision intérieure, regardez ce qu'ils font, vous pourrez apprendre.

RÉSULTATS DE VOS EXERCICES

Partagez vos expériences même si vous êtes timide et peu confiant, la confiance grandit par l'expérience et le partage de vos trouvailles est souvent bien plus précieux que votre mental ne vous permet de le croire.

Communiquer avec les animaux

CHAPITRE V

Stéphanie, spécialiste de la communication animale qui coanime des ateliers sur ce sujet avec moi, est mon invitée pour ce chapitre[2].

Communiquer avec un animal consiste à porter son attention sur nos perceptions. Celles-ci se traduisent par différents moyens comme :

- intuition
- flash/vision
- sentiment
- odeur
- impression
- son
- émotion
- mots ou phrases
- sensation
- image

En somme, c'est tout ce qui n'est pas tangible, pas visible à l'œil humain, tout ce qui est invisible (IN-VISIBLE = visible de l'intérieur). Toutes ces perceptions ne recourent ni au raisonnement, ni à la réflexion, ni à la logique.

L'IMPORTANCE DE S'ENTRAÎNER

Vous trouverez ci-dessous des exercices pendant lesquels vous pouvez poser les questions dans votre tête ou de vive voix. Vous pouvez fermer les yeux ou les laisser ouverts.

Les exercices sont une initiation. Comprenez que communiquer avec les animaux demande de l'entrainement et de la patience. Ne soyez pas exigeant envers vous-même, n'attendez pas d'être parfait. Adoptez une attitude zen et enjouée. Amusez-vous !

2. Retrouver les conseils de Stéphanie sur www.noscoeursalunisson.com

Avant de commencer

- **Se détacher du mental :** chaque fois que votre mental intervient lors d'une communication animale, l'idéal est de vous détacher immédiatement. Faites une pause pipi, allez grignoter un morceau, regardez par la fenêtre et rêvassez pendant quelques secondes. Cela vous permet de poursuivre la communication animale avec un esprit plus léger et présent.
- **Suivre vos ressentis :** sensation de savoir, présence de certitude. Vous ne pouvez pas l'expliquer ni le justifier mais vous ressentez que vous en êtes certain.
- **Avoir conscience de vos perceptions :** vos sens perceptifs sont en éveil, en alerte et accompagnent le message. En plus de recevoir une image, vous captez une émotion, votre cœur vibre, vous êtes animé par un sentiment, une sensation, une émotion. Le mental, lui, ne vibre pas. Il est juste l'outil qui fournit l'information. Il vous sert d'écran. Il raisonne, ajoute, argumente, illustre et légende. En fonction de ce qu'il voit, il déduit. Il a accès à une source de données tellement impressionnante qu'il aura toujours de quoi alimenter un message. Il peut notamment vous ramener à un souvenir. Attention à ne pas interpréter ! Retranscrire avec le plus d'exactitudes possibles ce qui vous est donné de recevoir.
- **Vous détendre :** entendre votre guidance interne (petite voix intérieure, intuition) se fera d'autant mieux si vous êtes détendu. Inutile d'entamer une communication animale si vous êtes préoccupé ! Il est nécessaire d'être bien ancré dans le temps présent, là maintenant tout de suite.

ASTUCE

Lors d'une communication animale, pour annuler un doute qui débarque à l'improviste, imaginez que vous le barrez, que vous le jetez dans une poubelle, que vous le brûlez. Utilisez cette technique avec la plus grande sincérité qui soit ! Imaginez que vous effacez le tableau et que vous recommencez à zéro. Faites cette action rapidement, en 5 secondes c'est réglé.

Si vous débutez, je vous conseille de ne faire qu'un seul exercice par jour. Assurez-vous d'être complètement disponible pour le faire.

1er EXERCICE : LA CONNEXION À UN ANIMAL

Écoutez tout simplement en vous tout ce qui vous vient comme informations, sans poser de questions, sans rien attendre, sans rien souhaiter. Soyez juste là avec l'animal, à son contact.
Pour vous entrainer, prenez la photo d'un animal de votre choix (le cheval de votre voisin, le chien de votre grand-père ou encore un animal de compagnie d'un de vos collègues...).
Pour vous aider, vous pouvez vous relier à l'animal en vous imaginant passer du temps avec lui. Laissez libre cours à votre imagination. Prenez-le sur les genoux, emmenez-le sur de la pelouse et allongez-vous, par exemple. Peu importe ! Prenez ce temps, relaxez-vous, inspirez et expirez doucement.

Laissez vos pensées circuler, vos perceptions venir, votre « *image-in-air* » vous emporter et décrivez tout ce qui vous vient à son propos : là où vous êtes allés ensemble, ce que vous avez partagé, les émotions que cela a généré en vous, les images qui vous sont venues, les mots que vous avez échangés... Vous pouvez fermer les yeux ou les laisser ouverts. Prenez votre temps, relaxez-vous, imaginez, faites-vous plaisir.

LE TUYAU DE LULU

Utilisez des supports comme un paysage sur une photo, un souvenir de vacances. Si vous vous abandonnez complètement et assez longtemps dans cette « *image-in-air* », vous constaterez à un moment donné que d'autres images s'introduiront, des lieux auxquels vous n'auriez jamais pensé ou que vous n'avez même jamais vus... Il finira par se passer une connexion telle entre l'animal et vous que vous sentirez des émotions auxquelles vous ne serez pas préparé, l'animal vous confiera quelques mots ou sentiments qui vous surprendront... bref une communication entre l'animal et vous va s'établir d'elle-même à votre grand étonnement. Il faut juste se laisser aller, imaginer tout ce dont on a envie, tout ce qui nous fait plaisir.

Surtout, ne portez aucun jugement sur vos voyages, vos partages avec l'animal. Sentez-vous totalement libre, ne vous autocensurez pas, ne vous critiquez pas. Tout ce qui vous vient aura tout son sens, son utilité.
Rédigez au fur et à mesure ou à la fin de cette belle rencontre si vous le préférez.

2e EXERCICE : LA RÉCEPTION D'UNE SEULE INFORMATION (RÉCEPTION FLASH)

Pour vous entrainer, prenez la photo d'un animal de votre choix (le cheval de votre voisin, le chien de votre grand-père ou encore un animal de compagnie d'un de vos collègues).
Écrivez un mot (un adjectif, un nom, verbe, adverbe).
Vous n'êtes pas obligé de remplir toutes les cases.
Ne vous bloquez pas, si cela ne vient pas, passez au thème, voire à l'exercice suivant.
Il ne faut surtout pas vous focaliser sur le résultat durant la communication animale, ni même l'appréhender de quelle que façon que ce soit. Ne pas se positionner en mode « attente »

(du résultat) mais en mode « réception » (je laisse les infos couler sur mon écran mental, qu'elles aient du sens ou pas).
Écoutez l'information qui vous est donnée. Repérez sous quelle forme de perception l'information se manifeste et retranscrivez avec un mot, l'information telle que vous l'avez eue en vous.

Exemples

Thème	Votre mot	Avec quelle perception ?
Vétérinaire	Gentil	Sensation
Santé	Yeux	Image
Préférence	Balade	Mot

LE TUYAU DE LULU

Dans cet exercice, je vous conseille de bien veiller à ce que votre intention (la tension de l'un = le fil conducteur) soit bien portée sur l'animal en question. Car il se peut que votre intention se porte sur vous, sur quelqu'un que vous avez en ce moment à l'esprit ou encore sur un autre animal auquel vous fait penser celui que vous avez choisi. Pour revenir à l'animal concerné, prenez le temps de vous dire que tout ce qui suit est en lien avec lui. Vous pouvez aussi ajouter « lui (ou son prénom si vous le connaissez) » en lisant les thèmes (par exemple : « aliment qu'aime xxx (prénom de l'animal choisi) » ou « aliment que déteste xxxx »). Plus votre intention est claire, plus la réponse pourra être pertinente !

Thème	Votre mot	Avec quelle perception ?
Aliment		
Personnalité		
Vétérinaire		
Lieu de vie		
Objet		
Loisirs/activité		
Préférence		
Son gardien		
Besoin/envie		
Santé		

3e EXERCICE : L'IDENTIFICATION À L'ANIMAL

Pour vous entrainer, prenez la photo d'un animal de votre choix (le cheval de votre voisin, le chien de votre grand-père ou encore un animal de compagnie d'un de vos collègues).

En vous reliant à l'animal, demandez à recevoir des informations pour savoir si l'animal aime ou n'aime pas les choses listées ci-après (voir tableau).
Imaginez-le dans la situation énoncée, mettez-vous à sa place, imaginez que vous êtes l'animal et écoutez les perceptions qui vous viennent.
Si vous coincez, essayez de deviner. Mais pas par hasard, essayez de suivre la petite intuition qui est là, vers quoi vous pencheriez davantage.
Exemple : l'animal aime manger de la levure → vous ressentez la sensation de matière farineuse dans la bouche qui vous déplait → vous cochez « faux »

LE TUYAU DE LULU

Un super conseil ici est de vous transformer en l'animal ! Nous sommes absolument tous unis à l'intérieur, c'est d'ailleurs pour cela que l'empathie existe. Vous pouvez aller plus loin que ce stade et complètement vous imaginer en L'animal, jouer le JE que vous êtes lui pour répondre. Mettez en scène la situation de l'affirmation, comme le fait de ressentir une caresse sur votre pelage et la manière dont elle est donnée. Vous pourrez même avoir des informations sur la manière dont le gardien caresse l'animal ! SURTOUT ne vous mettez AUCUNE pression pour savoir si vous vous trompez ou non. Dans le oui il y a toujours une forme de non et vice-versa. Tout est polarité !

	Vrai	Faux	Ce que vous avez reçu et sous quelle forme (quelle perception ?)
L'animal n'aime pas quand on arrête de le caresser			
L'animal s'entend bien avec tous ses congénères			
L'animal ne raffole pas de manger du thon			
L'animal n'aime pas dormir à côté de ses gardiens			
L'animal ne s'éloigne pas trop loin de la maison quand il sort			
L'animal change régulièrement d'endroit pour dormir			
L'animal aime manger de la pâtée à l'agneau			
L'animal ne réagit pas quand on le dérange alors qu'il dort			
L'animal a la particularité de frotter sa tête contre la joue de son gardien			
L'animal met des coups de griffes quand on arrête de le caresser			

4e EXERCICE : L'APPROCHE DIRECTE

Pour vous entrainer, prenez la photo d'un animal de votre choix (le cheval de votre voisin, le chien de votre grand-père ou encore un animal de compagnie d'un de vos collègues).

Pour cet exercice, je vous propose de poser des questions à l'animal. C'est une approche plus directe. Si cela peut vous rassurer et vous aider, imaginez L'animal sur un écran (sur lequel il bouge, il respire, il vit). Imaginez que vous le caressez, que vous lui donnez une pomme ou n'importe quelle autre friandise. Présentez-vous brièvement, complimentez-le. Appelez-le par son prénom. Personnellement je ne pratique pas cette mise en condition, mais j'ai bien conscience que cela peut permettre une meilleure concentration, une approche douce et donc un contact plus aisé, surtout lorsqu'on débute.

Attendez et voyez en vous quel(s) type(s) d'informations se présentent et sous quelle(s) perception(s). S'il n'y a pas de réponse, ce n'est pas grave, continuez à imaginer passer du temps avec lui, baladez-vous à ses côtés, brossez-le, caressez-lui le museau... Cela vous détendra et permettra davantage à l'information d'arriver (ou faites une pause pour vous aérer la tête). Vous pouvez reposer la question une seconde fois, ou même expliquer à l'animal que vous n'êtes pas certain d'avoir bien perçu sa réponse, et lui demander s'il veut bien la renvoyer de façon qu'elle soit nette pour vous.

Après avoir reçu une information, vous pouvez la « valider » en posant une question fermée.

Par exemple :

« Avec quels autres animaux vis-tu ? »

⟶ Je vois sur mon écran mental l'image d'un hibou.

Je pose une question fermée en relation avec l'information reçue précédemment :

⟶ « xxxx (prénom de l'animal), vis-tu avec un hibou ? »

Cette seconde information reçue vient confirmer ou infirmer sa réponse. Cela peut être un « oui », un « non », la même image, ou tout autre chose (auquel cas, on passe à la question suivante et on revient sur celle-ci plus tard).
Et si vous n'y arrivez toujours pas, essayez de deviner !

Après chaque communication, on remercie !

LE TUYAU DE LULU

Ici, il s'agit de décrire l'image qui vous est passée par la tête ou le petit film. Finalement, si ça n'a pas de lien avec la question, ce n'est pas grave ! La logique de la grande intelligence universelle est bien plus précise que celle de notre mental, qui ne peut traiter d'information qu'étape par étape suivant les facteurs qu'il a à sa disposition.
Vous expérimentez des projections de conscience en lien avec celle de l'animal, c'est donc sur un plan totalement différent de la matière que vous recevez des infos, alors il est naturel qu'elles soient données d'une manière différente, moins fermées et rigides, plus subtiles et suggérées, dans un nouvel éventail qu'il faut se laisser ouvrir en soi.

Questions	Les informations reçus
xxxx (prénom de l'animal), avec quels autres animaux vis-tu ?	
xxxx (prénom de l'animal), peux-tu me décrire l'environnement dans lequel tu vis ?	
xxxx (prénom de l'animal), quelle est ta nourriture préférée ?	
xxxx (prénom de l'animal), as-tu des problèmes de santé ?	
xxxx (prénom de l'animal), peux-tu me décrire quelques traits de ton caractère ?	

5e EXERCICE : LA RÉCEPTION LIBRE

Pour vous entrainer, prenez la photo d'un animal de votre choix (le cheval de votre voisin, le chien de votre grand-père ou encore un animal de compagnie d'un de vos collègues).

Après avoir effectué les quatre exercices précédents, revenons sur une réception libre. Les perceptions ayant été affinées, vous allez pouvoir constater une meilleure qualité de réception.

Avec l'ensemble des techniques et astuces proposées, établissez cette communication avec l'animal concerné comme vous le sentez, comme vous en avez envie.

Prenez le temps de vous relier à lui et demandez-lui par exemple :

⟶ de vous parler de lui ;

⟶ de vous parler de son gardien ;

⟶ de vous raconter sa vie ;

⟶ de vous dire ce qu'il aime...

Croyez en ce que vous voyez et ressentez ! Cela développe votre confiance dans la réception des informations. Laissez-vous complètement aller, jouez le jeu !

Plus vous vous abandonnerez, plus vous serez détendu et joyeux à l'idée d'établir cette communication avec cet animal, et mieux les informations circuleront !

LE TUYAU DE LULU

Ici, votre précieux gouvernail est votre intention. Toutes ces micro-questions que vous vous poserez intérieurement seront comme les lettres envoyées à l'un-visible pour recevoir une réponse. Si votre courrier est tout brouillon ou pas très précis, vous aurez tendance à partir un peu dans tous les sens !

Vous pouvez diriger votre intention sur des thèmes qui vous viennent naturellement en inspiration, comme sa vie quotidienne en imaginant par exemple un petit reportage où vous la suivez dans son quotidien, vous l'observez comme un journaliste en lui posant de courtes questions ponctuelles.

Vous pouvez le faire « dans votre tête » et écrire au fur et à mesure tout le fil de votre petit reportage.

Vous pouvez aussi imaginer être dans une salle de projection privée en train de visionner un film sorti de votre tête sur la vie de l'animal ! Peu à peu, en vous laissant porter par le jeu et l'inspiration, toujours lié à l'intention d'en savoir plus sur ce loulou, vous pourrez vous surprendre à observer des scènes et des situations qui vous donnent des informations auxquelles vous n'auriez pas pensé !

Se relier à un ensemble

La communication animale est la communication universelle !
Dans la première partie, les exercices vous entrainent à établir une communication d'âme à âme.
Dans cette seconde partie, nous allons étendre notre cercle de communication à tout un ensemble.
L'Univers n'est que la traduction, la manifestation de l'intelligence de vie. Ainsi nous sommes, par notre unité, une manifestation de cette intelligence, au même titre que les végétaux, les minéraux ou les animaux. Tout n'est que division en apparence de la grande source qui n'est qu'unité.
Ainsi, une entité est une division. Chaque division peut comporter plusieurs degrés et un groupe est donc une division issue d'un ensemble plus vaste.
Autrement dit, un groupe est aussi une entité à laquelle nous pouvons nous relier pour communiquer.
Tout ceci est simplement une grande logique mathématique que l'on pourrait imager comme le fait de se lier à une goutte d'eau ou à l'océan tout entier.
Tout est possible dans l'un-possible !

SE RELIER À UNE ESPÈCE

Les chercheurs et journalistes animaliers se plongent dans l'environnement d'une espèce pour l'étudier en profondeur. Ils se positionnent ainsi en observateur sans imposer leur propre présence, afin de ne pas interférer dans le quotidien de l'espèce pour en conserver l'authenticité.
Sans nous déplacer, nous pouvons faire de même, simplement en nous immergeant dans « *l'image-in-air* » pour nous PROJETER au sein d'une espèce.
Nous avons en nous cette capacité de voir, d'être l'œil qui observe, simplement en empruntant les points de vue de l'Univers sur ses plans les plus subtils.
Pour vous immerger au sein d'une espèce, choisissez celle qui vous vient à l'idée, par inspiration ou par envie. Sachez que vous choisirez forcément celle à laquelle votre Moi supérieur veut se relier pour évoluer à ce moment précis de votre vie !
Il n'y a aucun hasard à l'évolution. Tout s'inscrit dans un chemin sur-mesure emboitant les expériences comme des marches d'enseignement absolument adaptées à notre vibration tout entière.

DANS LA PEAU D'UN OISEAU

Vous pouvez choisir de vous immerger dans un ensemble d'espèces : les oiseaux.
Pour ce faire, commencez par vous laisser aller en vous projetant dans un environnement.
Écoutez les sons de la nature environnante, ressentez et écoutez ses bruits, ses énergies, son ambiance.
Commencez à imaginer cet environnement en empruntant les yeux de l'espèce que vous souhaitez observer.

Naturellement, regardez la nature qui vous entoure sous de nouveaux angles de vue, avec des couleurs et des ressentis différents de ceux que vous pouvez avoir en tant qu'humain.
Peu à peu, plongez dans cet Univers pour en recevoir l'essence, par tout ce que vous vous autorisez à regarder sur votre écran. Les arbres, les plantes, les pierres, la terre, la couleur du ciel, le ressenti du vent.

Vous pouvez maintenant ressentir le corps d'un oiseau, comme si vous l'empruntiez pour un voyage d'apprentissage, d'initiation.
Redécouvrez la sensation du vent sur vos ailes, votre nouvelle vision périphérique, les émotions qui vous traversent, la sensation de liberté par ce moyen de déplacement si fluide et léger que vous permet votre anatomie.

En vous imprégnant entièrement, vous pouvez vivre les situations qu'il vit. Vous pouvez constater en vous observant vous-même que vous n'avez pas les mêmes pensées, les mêmes lourdeurs, les mêmes résistances que dans votre quotidien d'humain.
Vous ouvrez en vous un nouvel angle de vue et de nouvelles perceptions.
Ainsi, vous pouvez maintenant vous poser des questions en tant que cet animal dont vous empruntez le point de vue, le point de VIE.

⟶ Que cela m'apporte-il de vivre ainsi ?
⟶ Qu'est-ce que cela ouvre en moi ?
⟶ Quel est le but évolutif d'une telle incarnation ?
⟶ En tant que tel, quel est mon cadeau à la vie ? À la planète ?
⟶ Comment mon rayonnement se propage dans cette configuration ?
⟶ Comment je perçois les humains de ce point de vue extérieur à eux ?

Toutes ces questions sont autant de portes potentielles que vous pouvez ouvrir en vous pour prendre de la hauteur dans l'évolution de votre conscience.

Emprunter le point de VUE d'une espèce est une formidable occasion d'étendre son champ de conscience et de l'intégrer dans son quotidien comme des clés de sagesse. Les clés précieuses pour toutes les expériences qui s'offriront à vous désormais.

COMMUNIQUER AVEC UNE ESPÈCE

Chaque espèce de la planète est représentée par un collectif sur un plan supérieur voué à soutenir son évolution. Nous pouvons communiquer avec ce collectif et il en sera d'autant plus facile si nous avons fait l'effort de nous immerger profondément dans l'Univers de l'espèce à laquelle nous voulons nous connecter.
Pour parler avec ce collectif ou avec l'un de ses représentants, vous pouvez demander à l'intérieur de vous, par une intention claire et précise, d'établir une communication intuitive.
Dans le calme, vous pouvez ressentir par cette intention comme une présence qui se lie à vous. C'est très subtil, mais vous pouvez ressentir une douceur, un sentiment de joie, de sérénité. Vous pouvez aussi ressentir que l'ambiance de la pièce a changé.

✸ Pour initier la communication

Vous pouvez vous faire le porte-parole de l'intervenant et faire appel à toute votre inspiration pour rédiger quelques lignes ou simplement communiquer en silence à l'intérieur de vous.
Par exemple :
« Nous les oiseaux, nous expérimentons... »
« Notre présence est utile au sein de la planète pour... »
« Nous pensons que les humains sont... et nous savons que... »
« Nous savons que les évènements qui se jouent en ce moment sont... »
Libérez totalement votre inspiration, c'est le canal par lequel s'exprime votre invité !
Libérez-vous du mieux que vous pouvez de tous les jugements que votre mental se fera un plaisir de vous envoyer sur vous-même et sur vos capacités à réceptionner. Vu qu'il ne peut pas valider par du tangible, il va naturellement essayer de réfuter. Aimez votre mental ! Son travail ici est de traduire en mots votre inspiration, ce travail est très précieux. Pour le reste, on se lâche la grappe dans l'autosabotage !

SE RELIER À L'ENSEMBLE DU RÈGNE ANIMAL

L'ensemble du règne animal est aussi une division, donc une entité à part entière à laquelle nous pouvons nous relier.
Attention, cette entité est immense, elle contient en son sein toute la sagesse du règne animal, ses codes et les énergies de toutes les espèces et de tous les plans.
En émettant simplement l'intention de vous relier à elle, vous pouvez ressentir quelque chose de grand, de vaste, comme un ensemble qui vous enveloppe entièrement.
Il ne s'agit pas ici de le ressentir sur un plan physique mais de ressentir l'impression que cela vous procure (l'un-pression).

EN PRATIQUE

- **Libérez-vous entièrement.** Vous pouvez laisser libre cours à votre « *image-in-air* » pour permettre à votre âme de se relier à ce tout.
  Par exemple, vous pouvez imaginer le règne animal comme une sphère à laquelle vous vous reliez par un cordon. Une fois le cordon relié, vous pouvez vous imaginer toutes les sensations que cela peut vous procurer et la quantité d'images qui défilent comme autant d'enseignements et de sagesse que vous recevez à travers ce lien qui vous unit.
- **Vous pouvez aussi imaginer que votre âme s'étend sur l'ensemble de la planète.** Que des millions de cordons en descendent pour se lier aux animaux présents. Que tout cette reliance forme une grille énergétique intense et très lumineuse qui vous donne accès à une multitude d'informations qui viennent s'afficher par diverses images et mini scènes.
- **Vous pouvez également vous rendre avec l'ensemble de votre équipe lumineuse dans un lieu calme** pour parler avec l'un des représentants du grand collectif dévoué à assister et à soutenir l'évolution de toutes les espèces au sein de notre planète !

Sachez que les plans supérieurs sont dotés d'une merveilleuse hiérarchie basée sur les fréquences des êtres, selon la grande logique mathématique universelle. Ici, c'est vous qui avez les rênes de ce que vous allez vous permettre de découvrir (ou redécouvrir), vous faites partie des Lumières venues ici pour rétablir ces savoirs au sein de notre Terre. Des révélateurs de conscience qui savent que cette ouverture passe d'abord par « soi-m'aime ». La plus précieuse demeure la réalisation et l'accomplissement de Soi par ce que l'on s'autorise à croire et à vivre !

Agir sur la lumière

CHAPITRE VI

L'interaction de l'esprit sur la matière

La pratique de la guérison énergétique sur les corps éthérés est parfois, comme c'est le cas pour le Reiki par exemple, soumise à un apprentissage via une hiérarchie, passage de niveaux, symboles et/ou protocoles prédéfinis.
Ici, pas d'attache extérieure à un maître, enseignant, symboles à apprendre.
On remplace le maître ou l'enseignant par SOI, le Vrai Soi (notre Soi supérieur et toute notre équipe lumineuse – toujours prête à nous donner un coup de pouce).
On remplace tout ce que l'on doit apprendre par cœur, vraiment par le cœur.
Donc si symboles il y a, ce sont ceux que l'on crée par inspiration (inspiration = accumulation d'idées = mon vrai Moi et mon équipe qui me soufflent ces images, formes, nombres).
Enfin, comme il n'y a pas d'étape imposée par l'enseignant ou l'apprentissage des symboles, il n'y a pas de passage à niveau. Vous évoluez en toute liberté pour VOUS, à votre rythme !

À QUOI SERT LA GUÉRISON ÉNERGÉTIQUE ?

La guérison énergétique soigne les maux, les énergies polluantes et stagnantes qui ne sont pas encore amalgamées dans la matière. Autrement dit, lorsque votre jambe est cassée, c'est que votre corps énergétique présentait cette cassure mais qu'il n'a pas été soigné. L'énergie « infectieuse » s'est amalgamée et implantée dans la matière. Dans ce cas de figure, on doit aussi agir sur la matière directement.

COMMENT UN BOBO ARRIVE JUSQU'À LA MATIÈRE

Sur cet exemple, la jambe est un segment du membre inférieur compris entre le genou et la cheville. Le mal de jambe intervient généralement pendant la marche ou la position debout. Il est évident que, sans jambes, il est impossible de se propulser vers l'avant par la marche ou la course. Avoir mal à une jambe a un lien avec notre façon de faire face à l'avenir, avec notre capacité de nous propulser et d'avancer dans la vie.
Le mal de jambe indique donc des peurs vécues à ce niveau, soit une peur de se risquer dans le nouveau ou de faire des actions vers un but actuel. Cela peut concerner un nou-

veau travail ou un être aimé. En revanche, si la jambe fait surtout mal en position de repos, le message indique que cette personne ne se permet pas assez de temps de repos pour mieux se préparer à une nouvelle destination. Évidemment, cela ne va pas toujours jusqu'à la cassure…

CETTE ÉNERGIE, D'OÙ VIENT-ELLE AU JUSTE ?

L'énergie vient de la même Source dont nous sommes issus, ainsi que toute la Création. En fait, tout est énergie. Tout est énergie vibrant simplement à des fréquences différentes.
Qui pilote l'énergie ? C'est le Grand Principe, l'Esprit (Dieu, Amour universel, Amour inconditionnel…) qui est cette intelligence en qualité d'omniscience, omniprésence et omnipotence. La Source sait tout, partout, tout le temps.
Et qui est relié à la Source ? C'est moi, toutes les lumières, donc vous qui êtes en train de lire ceci !
Alors si vous doutez d'être guérisseur ou de pouvoir toucher et piloter des énergies subtiles, n'oubliez pas votre nature :

« Je suis un corps de chair animé par le Grand Principe de Vie grâce à mon âme qui fait le lien. »

COMMENT PILOTER, TOUCHER L'ÉNERGIE ? COMMENT INTERAGIR AVEC ELLE DANS LA MATIÈRE ?

✷ Premier exercice : sentir l'énergie « un-visible » autour d'un objet ou d'un être vivant

Placez un objet devant vous ou une plante.
Rappelons que tout ce qui possède un corps manifesté a un corps non manifesté. Autour de l'objet « matière » se trouvent ses corps moins denses. Plus on va vers l'extérieur de l'objet, plus les corps « un-visibles » sont subtils.

INFO COULEUR

La couleur non manifestée d'un objet est toujours la couleur complémentaire de la couleur manifestée (se référer à un cercle chromatique). C'est la logique fondamentale universelle où rien n'est en opposition, tout est complémentaire. Pour ceux qui utilisent leur « *image-in-air* » ou le lien directement avec leurs yeux physiques (3e œil + yeux matière), vous pouvez observer ces couleurs. Pour ceux qui ne les perçoivent pas du tout, lâchez, ce n'est pas le but de l'exercice ici !

Focalisez votre « un-tension » sur l'objet. C'est-à-dire qu'il s'établit ici un lien énergétique naturel, sans besoin de le mentaliser. Exactement comme vous le faites tous les jours en voulant porter votre verre à votre bouche pour boire, par exemple. Votre intention est pure, parfaite et instantanée,
En réalité c'est très simple, cela se fait naturellement en plaçant l'objet devant vous !

En pratique

- **Commencez à approcher doucement la paume de votre main**

⟶ je place mon attention sur ma paume (= je suis attentif à ce que je ressens) et non sur la tasse !

- **Vous ressentez une micro-résistance, picotement et/ou micro-chaleur :** vous avez comme l'idée que votre main doit s'arrêter. Vous avez atteint une couche. Attention, c'est très subtil ! N'oublions pas que cette énergie est invisible par rapport à sa densité très faible !

- **N'hésitez pas à vous y reprendre plusieurs fois, ne vous jugez pas**, placez bien votre attention sur votre paume, fermez les yeux si vous préférez et surtout, croyez en vous ! La Foi manifeste, le doute efface.
- **Il est très important d'approcher votre main très, très lentement** et de partir d'assez loin pour ressentir une différence de densité. En vous, l'intention est naturellement celle-ci : vous souhaitez toucher le corps éthéré de cette tasse.

✷ Deuxième exercice : sentir l'énergie « un-visible » d'un être humain

Il est possible de réaliser cet exercice en binôme ou sur soi-même. Cette seconde option vous demandera plus de confiance en vous !

En pratique

- **Placez votre attention sur votre main,** en la faisant partir d'assez loin, je me rapproche tout doucement du corps manifesté.
- **Si vous réalisez cet exercice sur vous-même, étendez votre bras vers l'extérieur** pour le ramener tout en douceur vers l'intérieur, afin de ressentir la densité s'amplifier.
- **Si vous ressentez une micro-résistance, un picotement et/ou une micro-chaleur,** et que vous avez comme l'idée que ma main doit s'arrêter, vous avez atteint une couche. Attention, c'est très subtil ! N'oublions pas que cette énergie est invisible par rapport à sa densité très faible !
- **N'hésitez pas à vous y reprendre plusieurs fois, ne vous jugez pas,** placez bien votre attention sur votre paume, fermez les yeux si vous préférez et surtout, croyez en vous ! La Foi manifeste, le doute efface.
- **Il est très important d'approcher votre main très, très lentement** et de partir d'assez loin pour ressentir une différence de densité. En vous, l'intention est naturellement celle-ci : vous souhaitez toucher le corps éthéré de cette tasse.

Effectuer une pression sur les corps éthérés

- Poussez légèrement une personne (consentante) par ses corps subtils.

Lorsque l'on touche la « bulle » (corps éthérés) d'une personne, celle-ci ressent que l'on entre « dans son espace ». L'interaction est donc ressentie par celui qui touche et celui qui se laisse toucher, exactement comme lorsque l'on touche quelqu'un dans la matière, bien qu'à un niveau de ressenti beaucoup plus subtil.

- Dans cet exercice en binôme, touchez à nouveau la bulle de votre partenaire.

- Attention : vous pouvez sentir la bulle de votre animal de compagnie mais pour effectuer une pression, un partenaire humain est demandé pour cet exercice. Car celui-ci doit être dans l'acceptation d'accueillir cette interaction.
- En vous, l'intention est naturellement celle-ci : vous souhaitez toucher ses corps éthérés.
- Placez votre attention (= soyez attentif à ce que vous ressentez) sur votre paume et non sur votre partenaire car votre attention doit être en votre propre corps.
- Votre souhait (= votre un-tension) vous relie naturellement aux corps éthérés que vous désirez toucher.
- Maintenant, pour le pousser légèrement : placez votre attention (= soyez attentif à ce que vous ressentez) sur votre paume et non sur votre partenaire car votre attention doit être en votre propre corps.
- Votre souhait (= votre un-tension) vous relie naturellement aux corps éthérés que vous désirez pousser. Émettez simplement le souhait (l'un-tension) de vouloir le pousser.
- Ne vous demandez pas comment cela fonctionne, nous sommes là pour apprendre par le cœur et non par cœur !

Celui qui reçoit la pression doit être en accueil. C'est-à-dire qu'il doit simplement émaner la volonté de se laisser pousser légèrement. La même intention que pour un même exercice en physique.
Il peut arriver que le receveur « refuse » involontairement cette pression, tel un réflexe. Celui qui effectue la pression peut alors sentir une légère résistance et/ou ne pas réussir à le pousser très légèrement.
Dans ce cas, il est important de l'exprimer à son binôme et de l'inviter à fermer les yeux afin que lui aussi se concentre sur ce qu'il ressent. En se concentrant sur ses propres ressentis, il accueille plus naturellement l'expérience et éloigne ses appréhensions.
Attention, c'est très subtil ! N'oublions pas que cette énergie est invisible par sa densité très faible !

À PRATIQUER COMME UN JEU !

C'est un jeu super amusant que j'aime parfois pratiquer avec des amis ou des invités tentés par l'expérience. Il doit être amené de manière décomplexée. Se prendre trop au sérieux nous éloigne des ressentis du cœur ! Beaucoup d'amis ou de lumières en atelier ont réussi à toucher sans avoir jamais essayé auparavant.
Pour pousser légèrement, il nous faut davantage de confiance en soi, être sûr de ce potentiel que nous avons tous naturellement. Ne pas forcer ou se décourager, prendre l'exercice avec plaisir et sourire, et le réitérer si les résultats jouent un peu trop sur notre moral.
On est là pour expérimenter et non pour se juger.

✸ Variantes

Dans la même idée, vous pouvez poursuivre l'exercice en développant d'autres un-tensions comme :

- pousser légèrement en avant ;
- pousser légèrement sur un côté ou un autre ;
- faire pivoter légèrement ;
- tirer vers soi (« amener à soi » dans l'intention au lieu de « pousser vers soi »).

Vous pouvez également réaliser ceci seul, avec votre propre bulle, en poussant par exemple légèrement votre bulle vers vous, ce qui vous vaudra une légère bascule vers l'arrière (ou une envie de basculer).

Ressentir et interagir sans les mains !

Ici, on arrête d'être timide, on se décomplexe et on y va comme on est !
Depuis le début des exercices, nous prenons la paume de nos mains, outil naturel de l'humain, pour ressentir ou interagir.
Savez-vous que vous pouvez prendre n'importe quelle partie de votre corps ?
Alors pourquoi se limiter ? Vous pouvez essayer avec votre coude, votre genou, vos doigts de pieds ou le bout de vos fesses si cela vous amuse.
Et pourquoi vous cantonner à votre propre corps physique ? Vous êtes friands des micro-picotements/chaleur/résistance dans la paume de votre main, mais ces ressentis sont avant tout des repères dont vous croyez avoir besoin.
Car en réalité : ce n'est pas votre main qui pousse...

RAPPEL

Qui pilote l'énergie ? C'est le Grand Principe, l'Esprit (Dieu, Amour universel, Amour inconditionnel...) qui EST cette intelligence en qualité d'OMNISCIENCE, OMNIPRÉSENCE et OMPNIPOTENCE (la Source sait tout, partout, tout le temps). Et qui est relié à la Source ? C'est moi, c'est (vous) !

Vous pouvez réitérer les exercices en binôme :

- Pour toucher la bulle de votre partenaire, vous pouvez aller dans une autre pièce, visualiser votre partenaire comme s'il était devant vous et toucher sa bulle exactement de la même manière. Il est aussi intéressant que votre partenaire se concentre sur ses ressentis à cet instant. Sent-il que vous touchez/entrez dans sa bulle ?
- Encore une fois : ne vous demandez pas comment cela fonctionne ! Pour pousser la bulle de votre partenaire, vous pouvez aller dans une autre pièce, visualiser votre partenaire comme s'il était devant vous et pousser sa bulle exactement de la même manière. Sent-il une pression/un léger basculement ?
- Là aussi, vous pouvez poursuivre l'exercice en développant d'autres un-tensions comme :
    - pousser légèrement en avant ;
    - pousser légèrement sur un côté ou un autre ;
    - faire pivoter légèrement ;
    - tirer vers soi (« amener à soi » dans l'intention au lieu de « pousser vers soi »).

Vous êtes seul chez vous ? Qui a dit que votre partenaire devait obligatoirement être ici aussi ?
Il n'y a aucune limite ! Uniquement celle que l'on conçoit tout seul.
Plus drôle encore : laissez votre propre équipe lumineuse interagir. Vous pouvez réaliser ces mêmes exercices avec votre équipe lumineuse.

PRATIQUER À DISTANCE

Lorsque je réalisais des soins individuels à distance, l'interaction avec les personnes était la même que si elles avaient été en face de moi. Je visualisais cette personne en face de moi et j'interagissais ainsi. À l'autre bout du fil, elle sentait mon travail sur les différentes parties de son corps. Cela m'a permis de développer toujours plus mon potentiel par l'accroissement de ma confiance. Aujourd'hui, je n'ai plus besoin de visualiser pour interagir, je ne procède plus que rarement en énergétique, j'interagis davantage de corps spirituel à corps spirituel, les corps « source ». Mais j'ai conscience que ces marches font toutes partie d'une évolution.

RÉPARER, RÉALIGNER PAR INTERACTION SUR LES CORPS ÉTHÉRÉS

✷ Premier exercice : sentir et réparer les « fuites » énergétiques

Par le toucher de la bulle de votre partenaire (ou de la vôtre si vous réalisez cet exercice sur vous-même)

- Vous pouvez ressentir très légèrement une brise, un très léger courant d'air sur votre paume. Ceci indique qu'une énergie n'intègre pas le mouvement naturel de nos corps éthérés, appelé le « Tore », mais qu'elle est à flux tendu vers l'extérieur. Bravo, vous avez trouvé une fuite !

- Laissez-vous guider par votre intuition, vos envies, votre inspiration, vos idées et donc par toute votre équipe lumineuse pour déplacer naturellement votre main vers une fuite !
- Vous avez comme l'idée que votre main doit s'arrêter.
- Attention, c'est très subtil ! N'oublions pas que cette énergie est invisible par rapport à sa densité très faible !
- N'hésitez pas à vous y reprendre plusieurs fois, ne nous jugez pas, placez bien votre attention sur votre paume, fermez les yeux si vous préférez et surtout, croyez en vous. La foi manifeste, le doute efface.
- Il est très important d'approcher votre main très, très lentement. En vous, l'intention est naturellement celle-ci : vous souhaitez sentir une fuite.

✸ Deuxième exercice : réparer la « fuite »

Encore une fois, n'oublions pas qui pilote l'énergie et que celle-ci est par nature illimitée !
Vous avez donc le potentiel originel de pouvoir colmater cette fuite.

- Laissez votre main sur la fuite et servez-vous de l'autre main.
- Sur celle-ci, créez par simple intention, une « plaque lumineuse » ou ce que vous avez l'idée de créer pour colmater cette fuite. Pour ma part, mon équipe m'a souvent soufflé une plaque dorée très lumineuse, comme un concentré de rayons solaires. Au tout début, je leur laissais soin de la déposer sur ma main, jusqu'à ce qu'avec plus d'expérience, elle m'apparaisse spontanément.
- Pour prendre conscience de votre interaction, vous pouvez toucher à nouveau à l'emplacement de la fuite et constater sur votre paume qu'il n'y a plus de léger courant d'air.

PRÉCISIONS

Cette fuite est apparue à son origine par l'émotion, la crainte ou la résistance que l'on a refoulée, et parfois même cultivée en soi-même. Bien que l'on soigne ici la fuite au niveau du corps éthéré, celle-ci reviendra si l'on continue à cultiver ce qui l'a créée !

RÉALIGNER LES CORPS ÉTHÉRÉS

Nous ne sommes pas toujours « alignés » et cela est d'autant plus visible énergétiquement par la position de notre aura. Elle est en effet parfois plus sur le côté gauche ou le côté droit, plus en hauteur ou un peu trop « descendue ». Elle est le reflet de tout ce qui émane de nous, résistances comprises.
Elle peut aussi varier dans sa forme, être « tassée », plus « segmentée » ou encore faire des vagues à certains endroits. Les différences entre les bulles sont multiples !

✹ Premier exercice : réaligner la bulle au centre

Il s'agit ici de toucher les contours de la bulle pour visualiser correctement sa position et agir sur elle.

- Pour cela, on applique en douceur les exercices précédents du « pousser » ou « amener à soi ».
- Pour les bulles un peu tassées, développez l'intention de soulever légèrement. Pour celles un peu perchées, ramenez tout doucement la bulle vers la terre. Pour ce dernier cas, la bulle de la personne reflète un manque d'ancrage. Prenez soin d'y aller en douceur, le repositionnement de la bulle de votre partenaire ne doit pas être forcé. Vous devez rester attentif aux ressentis de votre partenaire et les respecter.
- Le repositionnement de la bulle peut parfois tourner légèrement la tête. Dans ce cas, arrêtez.
- Votre partenaire doit intégrer naturellement dans ses énergies le travail déjà accompli, sans chercher à aller plus loin. Le plus important est de s'écouter, pas de s'en jeter plein la vue !

✹ Deuxième exercice : remodeler la bulle

Le remodelage d'une bulle est plus délicat, ainsi il doit s'opérer avec délicatesse et modération.
Pour redonner une forme harmonieuse à la bulle, vous devez avant tout en visualiser l'harmonie et devenir l'artiste du chef-d'œuvre à accomplir.
Il s'agit ici de vous laisser guider par vos aspirations, vos inspirations, ce qui vous demandera de vous laisser porter par vos intuitions, vos envies et vos idées tout en ayant confiance dans votre création.

Je vous laisse le soin de trouver vos propres inspirations, votre propre méthode, votre propre manière de faire par l'être. Aucune méthode extérieure n'est jamais plus appropriée que celle soufflée par votre guidance intérieure. Faites-vous confiance, l'ART universel dont vous êtes la prolongation fait de vous des « ARTistes » aux talents illimités et un-finis.

INTERAGIR SANS LES MAINS

À nouveau, bien que cela requière une confiance accumulée par une multitude d'expériences et de la pratique, tous ces exercices de réparation et de réalignement peuvent être réalisés au-delà des limites corporelles et matérielles, au-delà du plan de matière imposant l'espace et le temps.

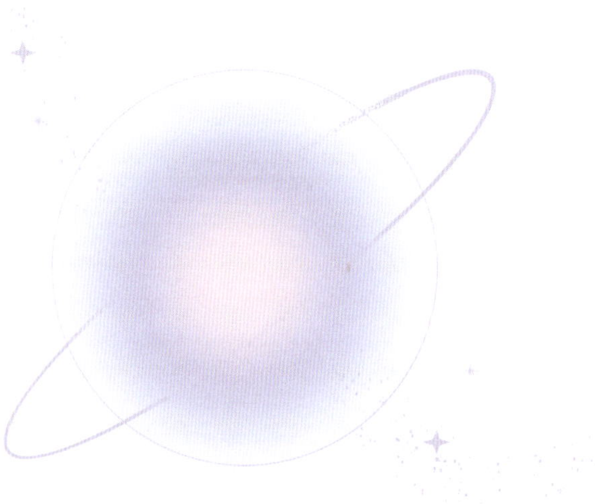

Interaction esprit-matière sur les corps solides

C'est parti pour transformer, faire bouger, pivoter, léviter de tout petits objets très « légers » pour débuter. Mais c'est aussi potentiellement parti pour de jolis doutes, des prises de tête inutiles et du « non-lâchage de grappe » incontrôlé !

> La phrase-clé ? Libérez votre esprit !

En tant que débutant, et bien qu'empli de la volonté de réussir, le doute, le fait de se fier à ce que vous voyez, ce que vous croyez voir ou savoir, le fait de vous auto-persuader au lieu de vous « lâcher la grappe » va vous emmener sur un terrain de maîtrise intérieure visant à vous rendre tout nu !

> Tout le monde peut réussir, mais chacun doit être celui qui se le permet.

LA CORRÉLATION AVEC LES ÉLÉMENTS EN NOUS

- **L'élément Terre :** notre corps de matière et ses actions.
- **L'élément Eau :** nos émotions et ressentis.
- **L'élément Air :** nos idées, l'Esprit (lien direct avec notre lumière originelle).
- **L'élément Feu :** notre Lumière originelle.
- **Le cinquième élément :** l'Éther ou Akasha, union des quatre éléments.

Les éléments sous leur forme non manifestée en nous est ce qui nous permet l'interaction avec leur forme manifestée à l'extérieur de nous car en aucun cas ils ne sont séparés. Ils sont liés !
Que vous compreniez ou non ces principes, ils font de nous ce que nous sommes. Vous êtes naturellement des êtres en interaction permanente avec les éléments car ils nous composent.

> Les quatre éléments donnent par leur union le cinquième : l'Éther ou Akasha. Nous sommes donc tous le cinquième élément !

Vous pouvez donc réussir les exercices suivants.

LAISSEZ L'ESPRIT PILOTER !

Au matin de la rédaction de cette préparation, j'ai rêvé que je devais opérer quelque chose et que, pour cela, je passais à travers une machine qui réduisait ma taille, mais surtout qui multipliait mes bras. J'avais tout un tas de bras en action avec des personnes tout autour de moi qui observaient mes manipulations. Ils semblaient surpris de la dextérité que montraient mes multiples bras en action, tous en train de réaliser des gestes précis. En étant surprise et à la fois très enjouée par cette facilité ressentie, je leur répondais que cela pouvait paraître difficile de devoir ordonner à chaque main ce qu'elle devait faire, mais qu'en réalité, elles s'organisaient toutes seules à la perfection ! Pour cela, il suffisait de suivre le flux de son esprit et d'observer ce qu'il leur transmet naturellement et silencieusement en interaction.
C'est comme de jouer d'un instrument, même avec deux mains. Le mental ne se scinde pas en deux pour faire différer simultanément les gestes des deux mains, lorsque le musicien entre dans sa mélodie, le mental s'unit pour laisser l'esprit piloter

EXERCICES D'INTERACTION AVEC L'ÉLÉMENT TERRE

Sur quoi l'Interaction avec l'élément Terre peut-elle agir ?

- La matière dans son état solide (la matière est ce qui compose tout corps ayant une réalité tangible. Les quatre états les plus communs sont l'état solide, l'état liquide, l'état gazeux et l'état plasma).
- L'interaction entre deux objets ou systèmes.
- La matérialisation-dématérialisation.
- La téléportation.
- L'invisibilité.

Ces deux derniers points sont notamment réalisables par une maîtrise tout entière de la densité cellulaire inhérente au corps de matière, par son accélération vibratoire. Évidemment, c'est un apprentissage immense, bien que passionnant, qu'il ne faut pas songer à acquérir d'un coup de baguette magique ! Néanmoins, si le sujet vous passionne, je vous conseille notamment la lecture de *La Vie des Maîtres* de Baird T. Spalding (éditions J'ai Lu), une des lectures les plus importantes dans la compréhension et la prise de conscience de sa véritable nature.

Tout d'abord, l'interaction avec l'élément Terre n'est pas particulièrement plus difficile qu'avec un autre. Ceci a trait encore une fois directement à nos propres pensées limitatives. En déduction, le « poids » peut rendre l'action plus contraignante.

L'interaction avec les éléments sous leur forme manifestée n'a rien de plus difficile que l'interaction avec eux sous leur forme non manifestée. C'est-à-dire que, bien que cela puisse paraître surprenant pour notre mental (libérez votre esprit !), interagir avec un élément n'est pas plus difficile que de se remémorer un souvenir ! Cette action est une interaction avec l'élément Air non manifesté. Ou encore ressentir l'ambiance d'un lieu qui est une interaction avec l'élément Eau non manifesté.
De plus, souvenez-vous que la matière est composée essentiellement de vide, ce fameux vide empli du Tout non manifesté.

Les exercices ci-dessous travaillent l'interaction avec la matière solide sur un élément extérieur à soi.
Bien que rien ne soit réellement séparé de soi, les exercices porteront sur des objets et non directement sur notre corps. C'est ainsi que j'ai été initiée à l'interaction de la matière et c'est aussi très souvent ce que les très jeunes enfants essaient de faire naturellement !
Cela commence dès les toutes premières heures de leur vie. Bébé veut faire venir à lui ou matérialiser ce dont il a besoin mais sans succès... Ici il aura besoin de trouver un moyen d'expression extérieur afin de provoquer cette action qui sera souvent réalisée... par ses parents. Tout est nouveau pour lui dans ce corps formel et limité, cette limitation le contraint à explorer en premier lieu son propre corps amalgamé et à commencer naturellement à se servir de ses outils mentaux, comme analyser, observer, développer des mécanismes... Bien qu'encore très intimement lié à l'Esprit, c'est une entrée en matière essentielle pour intégrer pleinement cette nouvelle fréquence d'espace et de temps.

✷ Deux exercices abordables pour tout débutant

Pour certains, cela ne sera pas long et pour d'autres, la réussite pourra demander des heures et des heures de patience. Tout dépend du « lâcher de grappe » monumental que vous réussirez à créer en vous, ce grand espace pour laisser l'esprit opérer !

Exercice de la Pyramide en aluminium

1. Préparation

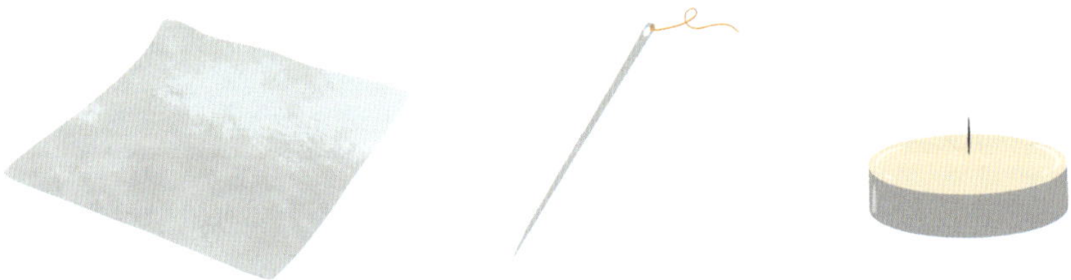

Ici, vous avez besoin d'une feuille d'aluminium, d'une aiguille et d'un support pour planter l'aiguille, comme une petite bougie chauffe-plat ou un bouchon en liège. Le pliage de la feuille d'aluminium va vous permettre de former une pyramide et de la poser sur l'aiguille. Ensuite, vous pouvez démarrer l'exercice.
Prenez un petit carré de papier que vous repliez sur lui-même comme l'indiquent les lignes marron. Le tout pour que votre pyramide tienne sur l'aiguille ! Vous pouvez la faire un peu plus « pointue » ou davantage « plate », selon votre envie.

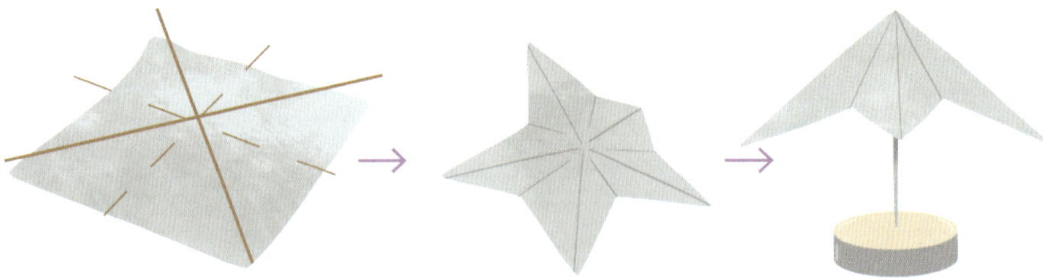

2. Faire pivoter légèrement votre pyramide

- **Interagir avec ou sans les mains.** Comme détaillé dans la partie sur l'interaction/matière sur les corps énergétiques, vous pouvez donc interagir sans les mains ! Mais vous pouvez avoir ce réflexe d'entourer votre pyramide de vos mains pour interagir avec elle. C'est un réflexe normal car nos mains sont les outils naturels de notre corps de chair. Ainsi, vous pouvez commencer par visualiser leur extension pour interagir avec notre pyramide. Néanmoins, nous n'avons aucunement besoin d'elles à tout prix.
- **Amorcer le mouvement.** C'est la phase la plus délicate. C'est ce que le débutant « re-doute » le plus. Alors, pour vous simplifier la vie, vous pouvez dans un premier temps souffler légèrement sur la pyramide pour initier ce mouvement de base.
- **N'ordonnez rien à votre pyramide par la pensée !** C'est le meilleur moyen de voir vos efforts réduits à néant et de vous décourager. Ordonner = créer des pensées = ne pas libérer l'esprit = pas d'action.
- **Interagir avec la pyramide.** D'abord, vous pouvez stopper ou amener la pyramide à tourner dans le sens inverse que celui initié par votre souffle. Comment ? Il est primordial d'accepter en totalité, de prendre conscience que vous êtes naturellement doté de ce pouvoir d'interaction. Vous-même êtes une interaction des atomes qui vous composent ! Si vous souhaitez « voir » pour vous prouver que cela est possible, votre doute de base empêchera la réalisation de l'exercice.
- **Pensez seulement au résultat.** Ne pensez pas à comment faire tourner cette pyramide ou à tout autre questionnement mécanique issu du mental. Vous n'êtes pas ici pour vous convaincre (vous vaincre), vous devez déjà être convaincu (= en acceptation complète et totale de ce que vous êtes).
- **Imaginez que le mouvement que vous souhaitez voir est déjà en train de se faire.**
- **Regardez votre pyramide avec l'esprit tout à fait détendu** et regardez-la s'arrêter ou changer de sens tout doucement. Soyez en contemplation de ce que l'esprit est en train de réaliser, en observation de ce que votre volonté pure et sans poids de vos pensées ou de contrôle est naturellement en train d'opérer. Regardez simplement avec l'esprit libre, détendu et neutre, la pyramide réaliser doucement le mouvement émané par votre intention. Juste votre intention, rien de plus, la même que celle pour tourner les yeux ou vous toucher le bout du nez. Souvenez-vous de ce musicien dont les deux mains jouent distinctement des gestes différents mais conjointement la mélodie, libérez-vous

comme lui de la volonté de faire pour simplement observer la musique se jouer.

3. Poursuite de l'exercice : les variantes

Il existe beaucoup de variantes à cet exercice : les possibilités sont toujours un-finies.
Pour les réaliser, la pratique est essentielle si l'on veut se perfectionner.
Vous pourrez par exemple déterminer le sens de la rotation, la vitesse, ou encore un angle défini de rotation, sa durée... Mais aussi passer de la rotation à la lévitation de votre feuille d'aluminium. Tout ceci dépend de votre volonté à vous perfectionner dans ce domaine ou non. Il est évident que cela demande beaucoup de temps et de perspicacité. À chacun ses envies !

NOTES IMPORTANTES

Dans votre pratique, il se peut que vous n'arriviez pas (merci les doutes !) à faire bouger votre pyramide, mais qu'elle bouge sensiblement lorsque vous la regardez du coin de l'œil ou le dos tourné ! Vous êtes dans ce cas en confrontation à l'intérieur de vous-même. Vous avez cette peur d'être impressionné par ce que vous allez voir. Ne vous enfermez pas dans cette peur. Riez de vous, soyez doux avec « vous-m'aime », on est là pour se rendre compte à quel point nous sommes merveilleux après tout... Il n'y a pas d'urgence !

4. Pour aller plus loin

Vous doutez d'être à l'origine du mouvement, comment être sûr ?
Vous avez bien fermé toutes les fenêtres ? Vous pouvez allumer une bougie ou de l'encens pour voir s'il n'y a pas un léger courant d'air quelque part. Mais, quand vous faites légèrement bouger une pyramide, cela se distingue d'un mouvement initié par de l'air. On peut percevoir avec un peu de pratique que l'action n'est pas initiée par une poussée extérieure.

Vous ne réussissez pas l'exercice ?
Cela peut parfois demander un grand nombre d'heures pour enfin se « lâcher la grappe » sur la volonté de contrôler l'élément. Car ici, il n'y a pas de volonté de contrôle ! Mais bien d'INTERACTION ! C'est-à-dire que tant que

l'on souhaite interagir en donnant un ordre, plus qu'en observant de manière détachée l'esprit opérer, on n'arrive pas à voir de résultat, jusqu'à douter de notre capacité à le réaliser. Dans ce cas, inutile de penser que « pour vous » cela ne fonctionne pas. C'est faux, simplement personne ne peut libérer votre esprit à votre place ni accepter totalement en soi votre nature originelle. Mais vous êtes absolument libre de penser ce que vous souhaitez. Seulement, n'imposez pas cette pensée aux autres.

✸ À quelle fréquence pratiquer ?

Nous ne sommes pas tous ici pour nous perfectionner dans l'interaction sur les corps solides. Ainsi, certains pourront être motivés à l'idée de poursuivre régulièrement leur pratique et étendre leurs capacités, d'autres se contenteront d'observer qu'ils « peuvent le faire » et cela les comblera. C'est une marche de confiance en soi-même et chacun est libre de l'accueillir à son souhait. Nous sommes tous des apprentis-sages et tous différents dans notre évolution ! C'est cela qui est fantastique !

✸ Exercice avec un objet suspendu

Pour cet exercice, c'est exactement la même chose. À part qu'ici peut-être, initier le mouvement peut vous paraître plus aisé.

1. Préparation

Tout le matériel dont vous avez besoin est un objet suspendu par un fil, en commençant par un morceau de carton ou même la feuille de votre pyramide en aluminium.

2. Faire pivoter l'objet suspendu

Ici encore, ne pensez pas à comment faire tourner le mobile ou à tout autre questionnement mécanique issu du mental.

- Imaginez que le mouvement que vous souhaitez voir est déjà en train de se produire. Il est en cours.
- Regardez votre mobile, soyez neutre et détendu, observez cette interaction naturelle se produire.
- N'essayez pas de forcer quelque chose.
- Mettez-vous dans la peau de celui qui observe l'alchimie se produire, par la volonté simple et naturelle émanée par l'intention, sans pensée.

- Vous devez être en contemplation de ce que l'esprit est en train de réaliser, en observation de ce que votre volonté pure et sans le poids de vos pensées ou de contrôle est naturellement en train d'opérer.

NOTE PERSO DE LULU

Ce que j'adore par-dessus tout, c'est m'amuser avec les mobiles et les objets suspendus en général. Quand je pratiquais le yoga, mon cours avait lieu dans une salle où des retraités confectionnaient parfois des mobiles suspendus au plafond en guise de décoration. Dans cette condition physique particulièrement détendue, je prenais un malin plaisir à faire pivoter discrètement ces modules pendant une relaxation ou durant un exercice. Ma plus belle réussite a été au moment de Noël, la salle était toute décorée et j'ai réussi à en faire pivoter un grand nombre en même temps. Ce qui m'interpellait était qu'aucun des membres du cours ne levait jamais la tête ! Seuls deux amis très proches ont tout de suite remarqué quand je faisais « joujou ». De très bons souvenirs !

Interaction esprit-matière avec les éléments

RAPPEL

L'élément Terre : notre corps de matière et ses actions.
L'élément Eau : nos émotions et ressentis.
L'élément Air : nos idées, l'Esprit (lien direct avec notre lumière originelle).
L'élément Feu : notre Lumière originelle.
Ces quatre éléments donnent par leur union le cinquième : l'Éther ou Akasha.

COMPRENDRE LEUR INTERACTION ET LEUR FONCTIONNEMENT EN NOUS

Le cycle des éléments, notre cycle.
L'essentiel de l'air que l'on respire provient du grand mécanisme de l'évaporation de l'eau (lui-même un cycle de purification), qui provoque des nuages formant de l'eau qui se filtre à travers la terre puis retourne à la mer où la salinité (= chlore) la purifie puis une partie s'évapore sous l'action du soleil et donne de l'air.
Si nous prenons chacun de ces quatre éléments et que nous les regardons en nous (comme exposé ci-dessus), nous pouvons facilement prendre conscience de la justesse et de l'équilibre qu'il nous faut entretenir en nous pour suivre notre lumière en écoutant l'esprit par la purification de nos émotions grâce au filtre de notre corps physique.
Le principe d'Archimède nous dit que si un corps est plus dense que l'eau, il coule, s'il est moins dense, il flotte. Le corps humain est juste un peu plus dense que l'eau, donc il devrait couler... Mais les poumons remplis d'air (mille fois moins dense que l'eau) diminuent suffisamment la densité moyenne (calculée pour le volume entier du corps) pour qu'il flotte.
Si nous vidons nos poumons, nous devenons plus denses que l'eau et nous coulons. Alors, reprenez l'air dans vos poumons au lieu de vous laisser submerger par vos émotions !

Écouter ses idées, c'est remonter à la surface. N'oublions jamais ce cycle de la justesse en soi à préserver, à cultiver.
Bouddha nous livrait ainsi « Le Noble Chemin octuple » (ou « Notre Sentier octuple »), appelé également « Chemin du milieu » :

1. La vision ou la compréhension juste
2. La pensée juste
3. La parole juste
4. L'action juste
5. Les moyens d'existence justes
6. L'effort juste
7. L'attention juste
8. La concentration juste.

« Notre état d'esprit est le régulateur de la justesse en soi. La justesse en soi est le non manifesté de la justesse extérieure. »

Ainsi, nous devons veiller à ce que chacun des éléments en nous soit à sa juste place, dans l'équilibre qui garantit son bon fonctionnement.

Les éléments sous la forme non manifestée en nous permettent l'interaction avec leur forme manifestée à l'extérieur de nous. Car en aucun cas ils ne sont séparés. Ils sont liés, exactement comme nos corps physiques et nos corps subtils.
Pour aller plus loin, je vous invite à étudier plus en profondeur la physique de base qui nous enseigne la Grande Logique universelle et ses lois fondamentales qui régissent l'Univers.
Ici, je veux vous présenter les choses de manière simple afin que chacun puisse facilement prendre conscience de tout son potentiel.
Que vous compreniez ou non ces principes, ils font de nous ce que nous sommes ! Vous êtes naturellement des êtres en interaction permanente avec les éléments car ils nous composent !

N'oubliez pas ! Les quatre éléments donnent par leur union le cinquième : l'Éther ou Akasha.
Nous sommes donc tous le cinquième élément !

Vous pouvez donc réussir les exercices suivants.

EXERCICES D'INTERACTION AVEC LES ÉLÉMENTS

Vous trouverez ici un exercice pour chaque élément, sauf pour l'élément Terre, qui figure dans la partie Interaction Esprit/Matière sur un corps solide (voir p. 139).

✸ Exercice : Interaction Esprit/Matière avec l'élément Eau

L'interaction avec l'élément Eau agit sur les fluides, tous les liquides et les fluides magnétiques notamment.

- Pour commencer, il est bon de sentir physiquement l'eau avec son corps, par le toucher. Prenez le temps de sentir l'eau au contact de votre toucher physique.
- Ensuite, essayez de ressentir l'eau. C'est-à-dire, non plus de manière physique (son corps liquide contre votre corps solide), mais de manière plus subtile : son énergie en contact avec votre énergie. Pour cela, vous pouvez aussi vous aider des exercices de la partie Interaction esprit/matière sur les corps énergétiques (voir p. 131) en ramenant peu à peu la paume de votre main près de sa bulle, lorsque, par exemple, vous avez rempli un bol d'eau.
- Il sera plus évident de ressentir la vibration de l'eau près d'une grande étendue comme un lac, une rivière ou la mer. Vous pouvez-même vous projeter dans cette image pour aller la ressentir ou encore aller dans un lieu de votre connaissance, simplement en vous le projetant comme un souvenir et vous baigner ou marcher au bord de l'eau.

Interagir dans la matière avec l'eau

En se reliant subtilement à l'eau, de la même manière que nous venons de le faire, nous pouvons faire des ondes à la surface d'un verre d'eau, par exemple. Juste par l'intention. Car l'intention qui émane de vous est justement le prolongement du cinquième élément qui les contient tous. Avec de la maîtrise, on peut aussi essayer de diriger le mouvement de ces ondes. Vous pouvez aussi jouer avec un peu d'eau directement sur une table, ou encore, comme quand vous étiez petit, vous amuser à « faire la course avec les gouttes d'eau ».

Ces exercices peuvent vous sembler très difficiles à réaliser car ils demandent un profond lâcher-prise. Ne vous découragez pas, il faut beaucoup de temps, de patience et de persévérance. Cela peut prendre parfois plusieurs années !
Mais voici un exercice beaucoup plus simple que vous pouvez réussir tout de suite.

Nous pouvons interagir avec l'eau sous sa forme gazeuse. Un nuage est une condensation d'eau sous forme de vapeur.

Faire disparaître un nuage

Pour cela, il vous suffit de penser mentalement à effacer un nuage. Ainsi, vous agissez naturellement par l'intention.

- Commencez par des tout petits nuages.
- Prenez le temps qu'il vous faut pour effacer mentalement un petit nuage et vous verrez qu'il disparaîtra doucement pour de vrai. Plus nous pratiquons, plus le temps est réduit et plus nous pouvons nous amuser avec des nuages plus gros.
- Nous pouvons aussi en effacer seulement une partie, ou le faire grossir, la créativité n'a jamais de limites !

Vous trouverez peut-être cela plus difficile mais c'est tout à fait réalisable. Avec même beaucoup de patience et de pratique, vous pourrez en créer un à partir de rien.

✷ Exercice : Interaction Esprit/Matière avec l'élément Air

L'Interaction avec l'élément Air agit sur les fluides gazeux, la respiration, les forces de cohésion (force qui permet l'adhérence).
Pour commencer, nous pouvons ressentir l'air de manière physique par notre propre respiration, par exemple. Ensuite, ressentir l'air dans sa forme non manifestée, c'est s'immerger dans ce « vide » à l'intérieur de nous, notre tête vidée de ses pensées, prête à accueillir la manifestation de l'idée par le silence intérieur qui contient tout.

Interagir dans la matière avec l'air

Ressentir le mouvement de l'air nous aidera à le conscientiser. Ainsi, être dans le vent ou un courant d'air est utile pour cet exercice.
La première étape est de ressentir son courant, sa force.
La seconde est d'essayer d'interagir sur son mouvement par la volonté, de varier son intensité. Adoucir ou amplifier le courant par exemple. Puis jouer peu à peu sur sa direction.
Encore une fois, ces exercices peuvent vous sembler très difficiles à réaliser car ils demandent un profond lâcher-prise. Ne vous découragez pas, il faut beaucoup

de temps, de patience et de persévérance. Cela peut parfois prendre plusieurs années !
Mais voici un exercice beaucoup plus simple que vous pouvez réussir tout de suite.

Faire bouger un nuage

Nous pouvons interagir sur un nuage avec l'air, le faire bouger.
En reprenant votre nuage, ou un autre, vous pouvez simplement décider d'interagir sur son mouvement.
Ainsi, vous pouvez le stopper ou encore le faire changer de sens ! Bien sûr, essayez de choisir un jour où le vent n'est pas déchaîné ! Vous pouvez dans le même ordre d'idée le faire avancer vers un autre nuage pour en faire un plus gros, par exemple.
Commencez par un tout petit nuage histoire d'y aller progressivement.

✷ Exercice : Interaction Esprit/Matière avec l'élément Feu

L'Interaction avec l'élément Feu agit sur le feu, bien sûr, sur l'électricité, la foudre... tout ce qui dépasse un certain stade de vibration des molécules.
Il faut beaucoup de patience pour interagir de manière significative avec l'élément Feu.
Pour l'interaction avec la foudre, par exemple, il faut évacuer ses peurs de l'orage, savoir les ressentir et s'y sentir bien. C'est encore ici tout un lâcher-prise que l'on pourra lier ensuite à une connaissance approfondie de la physique et de ces phénomènes.
D'une manière générale, il faut prendre conscience que nous pouvons agir sur tous les stimuli électriques. Ainsi, des lumières peuvent consciemment ou non allumer ou éteindre un appareil électrique, par exemple.
Ici, nous allons interagir avec l'élément feu sous sa forme de feu.

Exercice avec une bougie

- Allumer une bougie dans un endroit peu éclairé pour pouvoir entrer en observation de cette flamme fascinante à tout point de vue.
- De la même manière que la simple intention d'effacer un nuage mentalement, imaginez simplement la flamme s'allonger vers le haut.
- Jouez avec la flamme et sa longueur. N'essayez pas de la commander, de lui donner un ordre. Imaginez lui voir faire ce que vous avez envie qu'elle fasse, tout simplement.

- Vous pouvez aussi vous amuser à la torsader, la faire tourner sur elle-même. Bien sûr, ici aussi, les possibilités sont infinies.
- Ce lien d'intimité qui se crée entre la flamme et vous agit notamment sur votre propre plexus solaire. Le fait de vous lier à l'élément Eau / Feu est un merveilleux exercice de purification intérieure.

Développer votre médiumnité

CHAPITRE VII

À travers les exercices qui suivent, vous allez pouvoir développer votre médiumnité.[3]
Prenez la photo d'une personne que vous ne connaissez pas vraiment mais pour laquelle vous pourrez vérifier les informations.
Cette photo va vous servir de support pour recevoir les un-formations de toute sa vibration. C'est-à-dire, tout ce qu'elle est, que ce soit dans cette vie ou depuis la naissance de sa lumière !

AVONS-NOUS OBLIGATOIREMENT BESOIN D'UNE PHOTO ?

Absolument pas ! J'ai choisi de travailler ici avec une photo pour que la connexion soit plus naturelle et paraisse plus simple mais, en réalité, vous pouvez vous relier à une personne sans connaître son nom, son visage ou encore sa date de naissance. Vous pouvez ainsi calibrer votre attention vers une personne, même si vous ne la connaissez pas et ne l'avez jamais vue.
Si on vous demande de vous connecter, par exemple « au garçon mystérieux que j'ai croisé l'autre jour à la boutique de CD. » Et là, vous vous relierez au « garçon mystérieux qu'elle a croisé l'autre jour à la boutique de CD. » Ce « garçon » ne peut être qu'une seule personne sur toute la planète. Donc une seule et unique vibration.

Comment vous relier ?

Se relier n'est pas quelque chose de mécanique comme le fait de prendre la parole, par exemple. Ce n'est donc pas quelque chose que l'on fait. Se relier est une action organique (qui vient de vos corps, du 5e corps plus exactement). Cette action organique est stimulée naturellement par votre intention.
À partir du moment où vous avez simplement l'intention de recevoir, de capter des un-formations sur une personne, vous vous reliez naturellement à elle.
Nous parlons ici de reliance d'une personne à une autre, mais c'est exactement la même chose pour tout être vivant et d'une manière générale : tous les fruits de la création.

3. Ces exercices ont été proposés sur mon site il y a quelques années et ont reçu notamment les conseils d'Émeline (www.lebonheurenlumiere.com).

Les bonnes conditions pour recevoir

Toutes les bonnes conditions pour recevoir se trouvent en réalité à l'intérieur de vous-même.

NE PAS ÊTRE DANS UNE ÉMOTION NÉGATIVE OU LOURDE

Si vous êtes triste, en colère ou agacé, allez changer d'air car la rivière de vos émotions est un peu trop tumultueuse pour lâcher les rames et recevoir sans prise de tête.
Privilégiez un état émotionnel neutre ou positif, le plus sympa de tous les états étant de vous placer en gratitude profonde envers vous-même pour l'aventure géniale que vous allez vous permettre de vivre, en toute simplicité et le cœur léger !

NE PAS SE METTRE DE PRESSION NI FABRIQUER D'ATTENTES DE RÉSULTAT

S'il y a bien un gros frein à la réception, c'est penser au résultat avant même d'avoir débuté. N'oubliez jamais que le voyage est plus important que la destination ! Le résultat sera ce qu'il sera et ce sera très bien comme cela. Partez dans cette affirmation en vous-m'aime jusqu'à oublier la finalité de l'exercice. Ici, vous voulez juste vous relier et capter, peu importe l'issue.

ÊTRE SIMPLEMENT DÉCOMPLEXÉ COMME SI VOUS ALLIEZ MANGER UNE POMME

Vous avez peur de vous étouffer en mangeant une pomme ?
Pensez à tous ces moments où vous êtes à l'aise, sans aucune appréhension : lorsque vous marchez, que vous vous lavez, discutez avec un très bon ami, écoutez de la musique, lisez un bon livre, profitez d'un feu de cheminée, surfez sur internet, câlinez vos animaux de compagnie... entamez cet exercice exactement de la même manière, serein et sans complexe.

ÊTRE MOINS PERTURBÉ PAR VOS PENSÉES

Vous n'arrivez pas à couper votre fabrique à penser ? Vous avez besoin de vos pensées car elles vont vous servir à traduire les un-formations. Veillez simplement à ne pas faire trop attention à celles qui n'ont rien à voir avec l'exercice ou encore celles qui vous disent comment vous devriez le faire. Mettez la sourdine sans essayer de les stopper et elles se calmeront toutes seules, peu à peu.

Vous faire confiance et comprendre votre fonctionnement

Croire que nous pouvons inventer quelque chose est une profonde ignorance de notre nature divine. Un mental d'humain de 3e dimension fonctionne comme un ordinateur. Il a une base de données conférée par son expérience de vie physique, référée par l'entourage et l'environnement dans lequel il a évolué et sur lequel il a établi sa personnalité et sa perception des choses. Seulement, pour piloter un ordinateur, il faut un Esprit. Un ordinateur ne peut agir seul, c'est l'Esprit qui donne l'ordre d'action, c'est aussi l'Esprit qui est à l'origine de son invention et de sa création propre.

Si, par exemple, vous souhaitez imaginer le fruit le plus répandu dans l'Intra-Terre, votre mental a une infinité de références à vous présenter. Et pourtant, vous n'aurez qu'une seule image qui viendra. D'autres pourront suivre, mais il n'y aura toujours qu'une seule première image.

Votre mental est incapable de choisir la donnée. Il a simplement répondu à l'impulsion de l'Esprit qui a choisi la bonne image.

Votre mental ne peut pas comprendre pourquoi il a imaginé telle ou telle chose (ce fruit, dans cet exemple), il peut simplement vous transmettre l'information car vous avez donné l'intention pure qu'il vous la traduise.

L'exercice du tableau

EN PRÉAMBULE

Pour réaliser cet exercice, je vous conseille de vous munir de quoi écrire (papier et stylo ou clavier d'ordinateur, comme vous vous sentez le plus à l'aise).
Vous pouvez ensuite copier le tableau proposé plus bas (voir p. 161) pour le remplir au fur et à mesure, ou encore vous munir d'une feuille blanche pour écrire.
Dans la colonne de droite : ce que vous devez écrire.
À partir de maintenant, toute réception est pour la personne en photo. Exprimez simplement cette affirmation que vous gardez et faites vivre en vous.
Écrivez dans la case dédiée (en face du thème) tout ce qui vous passe par la tête comme mots, images, symboles, couleurs, chiffres, nombres, lieux, paysages, adjectifs, noms, verbes, chansons, objets...

> **Vous pouvez simplement poser ces questions en vous, comme un dialogue avec votre maison intérieure, comme un jeu de devinettes.**
> **Penser à poser des questions fermées pour avoir des réponses plus précises (par exemple : « est-elle plutôt du matin ou du soir ? »**

Lulu : couleur ?
Maison : 2 (c'est le premier chiffre qui vous apparaît. Votre mental poursuit mais ne retenez que le premier)
Lulu : lesquelles ?
Maison : bleu et rouge
Lulu : objet ?
Maison : coussin rouge
Lulu : chanteur ?
Maison : Mickaël Jackson
N'hésitez pas à griffonner ce que vous vous voulez à l'instant, à vous servir de l'espace de la feuille, faire de petits schémas, même si tout cela n'a aucun sens concret !
Regardez les yeux de la personne, ils en disent long sur elle. Ils racontent son histoire, ses émotions et son caractère.
Pour mener à bien cet exercice, il est important de vous préparer et d'être dans une vibration d'amour et de non jugement.

L'ENFANCE DE LA PERSONNE

Vous n'avez rien à faire de particulier si ce n'est vous dire que, pour cette case, tout ce vous aurez envie d'écrire sera lié à l'enfance de cette personne. Avec cette affirmation en soi, l'intention est naturellement dirigée vers la bonne direction.

- Si vous vous sentez en confiance, libérez simplement toute votre inspiration et notez tout ce dont vous avez envie, comme cela se présente, sans suivre de plan de route.
- Si vous avez besoin de plus de soutien, aidez-vous du tableau qui suit. Répondez-y spontanément, comme si vous deveniez cette personne. Ne réfléchissez pas, écrivez simplement ce que vous avez envie de répondre !
- Soyez spontané ! Dès qu'une case bloque, passez à la suivante ou écrivez à l'endroit où vous avez le plus envie d'écrire et continuez ainsi. Si des cases restent vides, elles peuvent être le reflet de vos propres résistances selon votre vécu. Ne forcez rien, souriez, vous êtes accompagné par vos guides !
- Vous pouvez imaginer vos guides vous donner des informations, vous parlant de l'enfance de cette personne. Et l'écrire ensuite.

Vous pouvez aussi vous demander ce qu'en dirait votre meilleur.e ami.e (cela permet de prendre du recul et de sortir du jugement).

Sa relation avec sa mère ? Veillez à répondre en mode spontané, décomplexé, avec juste ce qui vous vient à l'esprit en lisant ces questions. Observez-vous lorsque vous commencez à réfléchir... Laissez et passer à autre chose. Vous pouvez faire une pause et revenir plus tard ! Rien ne presse et rien de sert de stresser. Pour le conseil spontané, n'hésitez pas à débuter vous-même la phrase : « ta maman voudrait que... », « ta mère aimerait... » *Évitez de chercher des informations à vibrations basses (conflits, etc).* *Vous pouvez faire défiler en vous les types de relation mère-fille que vous connaissez, et vous demandez pour chacune si cela lui correspond (oui/non) en étant attentif à la sensation à l'intérieur de votre corps. Une fois la couleur de la relation établie, laissez les mots ou les images venir à vous pour que la relation se dessine.*	**Trois adjectifs :** 1) 2) 3) **Une phrase :** **Un conseil spontané :**

<table>
<tr><td rowspan="3">Sa relation avec son père ?
Mêmes consignes, mêmes remarques.</td><td>Trois adjectifs :
1)
2)
3)</td></tr>
<tr><td>Une phrase :</td></tr>
<tr><td>Un conseil spontané :</td></tr>
</table>

<table>
<tr>
<td rowspan="3">Son ou ses environnements ?
Vous n'êtes pas obligé de penser à voir sa chambre. Vous pouvez affirmer en vous que les deux éléments auxquels vous allez subitement penser sont des souvenirs qu'elle garde et qui y sont liés.
Vous pourriez vous dire à l'intérieur de vous : « Je vais voir trois paysages différents et spontanément l'un après l'autre et les écrire. » Fermez les yeux, imaginez trois paysages et écrivez-les. L'important n'est pas de savoir si ce que vous voyez est juste ! C'est le meilleur moyen de focaliser votre attention ailleurs et de perturber votre intention. Vous êtes juste en train d'être à l'écoute de l'UN-formation qui se présente dans un mélange de spontanéité et d'envie sans raison aucune !
Pensez là encore à utiliser des questions fermées comme « ville ou campagne ? Mer ou montagne ? Maison ou appartement ? Coloré ou sombre ? Grand ou petit ? Etc.
Laissez-vous guider par une odeur, une musique, une chanson (la réponse peut être dans les paroles...
Vous voyez que vous avez des super pouvoirs ! Alors, écrivez simplement ce qui vous inspire à ce sujet.</td>
<td>Des éléments de sa chambre :</td>
</tr>
<tr>
<td>Des paysages :</td>
</tr>
<tr>
<td>Trois objets :</td>
</tr>
</table>

<table>
<tr>
<td rowspan="3">Frère(s) et/ou sœur(s) ?
Ici, vous pouvez demander un chiffre ou simplement voir ce qui vous passe par la tête lorsque vous lisez cette case ! Peu importe si vous ne voyez pas exactement le nombre ! L'un-formation à recevoir pour elle n'est peut-être tout simplement pas celle-ci.
Vous êtes ici pour donner un message, relayer des conseils et non vous prouver que vous avez des super pouvoirs ! Alors, écrivez simplement ce qui vous inspire à ce sujet.
Si vous avez l'impression que c'est votre mental qui vous répond, faites une pause et questionnez ensuite votre ressenti sans jugement : frère ou sœur ? Sentiment de fille unique malgré tout ? Pas de jugement, tout a une raison et un sens. Notez, vous comprendrez en temps voulu. Tout est possible[4].</td>
<td>Des éléments de sa chambre :</td>
</tr>
<tr>
<td>Des paysages :</td>
</tr>
<tr>
<td>Trois objets :</td>
</tr>
</table>

4. Astuce donnée par Émeline.

Ce tableau peut être alimenté à l'infini ! Il peut contenir le nombre de cases que vous souhaitez, sur les thèmes que vous souhaitez, avec les détails sur lesquels vous souhaitez travailler.

Il peut être une inspiration à la création de vos propres tableaux ou simplement un jeu ludique qui constitue un entrainement à l'ouverture de votre réception et de votre perception.
Néanmoins, il existe autant de moyens et de méthodes pour recevoir que d'humains sur la planète ! Ouvrons toujours plus nos horizons !

Le système de pioche

Étant donné qu'il n'y a pas de hasard mais uniquement des rendez-vous ordonnés par la loi universelle d'attraction, une pioche est toujours un bon moyen d'obtenir des un-formations !

COMMENT VOUS SERVIR D'UNE PIOCHE ?

Méthodiquement, vous pouvez vous créer des pioches très simples pour récolter des un-formations sur une question posée. Plus la question sera précise, plus l'information sera ciblée.
Vous pouvez aussi vous servir d'une pioche pour transmettre des conseils à cette personne ou pour répondre à plusieurs questions (voir exemples ci-dessous).
Les possibilités sont infinies ! Les mini-pioches peuvent être gardées quelques temps pour vous guider quotidiennement. Mais elles ne doivent jamais devenir un frein au développement de votre écoute spontanée intérieure.
Quand vous piochez, prenez simplement conscience que vous êtes toujours à la pêche d'informations pour la personne sur la photo et non pour vous-même ou une autre personne à laquelle vous pouvez être en train de penser.

EXEMPLES

1. Question : Dans quelle partie de sa vie aura-t-elle à prendre une décision importante vis-à-vis de sa voie professionnelle ?
Papiers à piocher : 0-18 ans / 18-22 ans / 22-24 ans / 24-26 ans... / Jamais
Vous pouvez aussi écrire par années, par décennies... Ou cibler le mois, la semaine, le jour...

2. Question : De quelle pierre a-t-elle besoin en ce moment ?
Papiers à piocher : Améthyste / Lapis-lazuli / Ambre / Labradorite / Aventurine...

3. Question : Quelle phase vient de se jouer pour elle ? Dans quelle phase est-elle présentement ? Dans quelle phase va-t-elle entrer ?
Papiers à piocher : Purification / Libération / Stabilisation / Accélération / Ascension...

Attention ! Si, à l'intérieur de vous, vous émettez le doute que ce que vous allez piocher est peut-être faux pour toutes les raisons que votre mental voudra vous exposer avec beaucoup d'agilité, cela pourra effectivement être faux car ce doute sera comme une petite affirmation intérieure qui déviera l'intention initiale.

Pensez à vous mettre dans des vibrations positives ou neutres. Restez vigilant et n'associez pas la personne à quelqu'un que vous connaissez (les ressemblances physiques sont trompeuses), vous risqueriez de mélanger toutes les énergies[5].
Veillez à ne demander que ce vous êtes vous-mêmes capable de croire à l'intérieur de vous !

LES SUJETS

Vous pouvez développer les sujets suivants :

- Ses goûts musicaux
- Ses habitudes alimentaires
- Ses hobbies

Pour chaque sujet, composez vous-mêmes votre question et votre pioche. Rien que le fait de composer votre pioche pourra vous donner des idées et des inspirations sur tout un tas de choses ! N'hésitez pas à noter tout ce qui peut vous passer par la tête même si c'est hors-sujet. Il y a parfois des un-formations prioritaires que l'on doit réceptionner pour la personne, sans que cela ne passe pas notre propre compréhension ou par ce que l'on avait prévu de recevoir comme thème d'un-formation.
Si vous êtes en panne d'inspiration lors de la réalisation de votre pioche, allez au plus simple. Par exemple, la pioche des goûts musicaux pourra être : Classique / R&B / Jazz / Variété...

BIEN CALIBRER VOTRE INTENTION

Recevoir une un-formation est très simple, mais calibrer son intention est délicat. Vous devez toujours veiller à être pleinement investi dans votre intention sans vous éparpiller intérieurement.
Attention ! Lorsque vous piochez, vous pouvez, sans vous en rendre compte, poser une autre question intérieurement. Par exemple, vous pouvez avoir décidé de piocher ses trois genres de musique préférés et vous demander au même moment « quelle musique serait bon pour elle ? » Ainsi la pioche ne sera pas une réponse à la question initiale mais bien à votre questionnement intérieur !

5. Astuce d'Émeline.

Le pendule

Le pendule est une méthode simple et accessible pour recevoir des un-formations. Il est un traducteur de notre maison intérieure, elle-même reliée à l'Omniscience universelle.
Tout objet suspendu à un fil peut faire office de pendule.

COMMENT ÇA MARCHE ?

Le pendule réagit à la dilatation ou à la rétractation de notre propre champ énergétique. En affirmant une donnée positive, votre champ se dilate et le pendule réagit par un mouvement distinct de rotation ou d'oscillation. Il en est de même pour une affirmation négative, qui donne un mouvement différent.
Il est donc aisé de poser des questions fermées (réponses par oui ou par non) sur le sujet de votre choix, à partir du moment ou vous « sentez » bien votre pendule.

Le pendule, il faut le comprendre.

Le pendule, c'est nous-même ! En effet, nous avons un corps manifesté et un corps non manifesté. Celui qu'on ne voit pas sait beaucoup plus de choses sur nous que nous n'en savons nous-même. C'est notre « Vrai Nous » !
Lorsque vous utilisez votre pendule, vous traduisez physiquement les réponses de ce corps non manifesté. C'est exactement la même chose pour un sourcier qui se demande où se trouve l'eau avec ses baguettes ! En réalité, c'est son « Vrai Soi » qui va répondre. Son corps non manifesté va réagir et entrer en interaction avec le non manifesté de l'eau !
Les questions peuvent être infinies ! En revanche, du côté des réponses, ce n'est pas toujours le cas : il y a simplement des questions dont vous ne devez pas connaître la réponse (celles qui ne font pas avancer la personne sur son chemin d'évolution) donc vous ne les aurez pas !

MESURER LE TAUX VIBRATOIRE

Il est toujours intéressant de calculer son taux vibratoire avec le pendule ! Ainsi, vous pouvez vous rendre compte à quel point la personne est lumineuse.
Vous pouvez trouver pour cela, sur internet, une multitude de planches très pratiques pour toutes vos questions ainsi que des planches des taux vibratoires en unité Bovis (l'unité de mesure des vibrations.)

AU SUJET DES MESURES DU TAUX VIBRATOIRE

À l'heure actuelle, avec l'augmentation du taux vibratoire de notre planète, nos vibrations ainsi que celles de tout ce qui nous entoure ont considérablement augmenté et continuent encore chaque jour. Votre taux vibratoire peut aussi varier selon l'état d'esprit dans lequel vous vous trouvez au moment du calcul. Plus vous serez décontracté, plus il vibrera fort. Essayez de tester si vous le pouvez en pleine méditation, vous risquez d'être surpris !

La pioche, le pendule (et les cartes, si vous en utilisez) répondront à votre mental si celui-ci est plus présent que votre esprit. Si vous pensez à la peur ou que vous avez peur de la réponse, c'est la peur qui s'exprimera. Recentrez-vous avec une bonne respiration et pensez à de belles choses pour faire une pause. Ensuite, l'esprit plus présent, les réponses le refléteront.

La confiance

Et s'il était temps de jouer dans la cour des grands ? Et si vous étiez assez fou pour vous lâcher complètement et vous faire confiance ? C'est en ce sens que votre guidance va toujours vous inviter pour que la réception de toute un-formation fasse intégralement partie de votre quotidien, sans préparation aucune.

EN PRATIQUE

En tant qu'humain, vous êtes un capteur « or-père », une antenne « mère-veilleuse » qui spontanément va écrire, avec toute son inspiration, tout ce qui lui vient pour certains ou tous les sujets suivants, toujours pour la personne en photo :

- Les habitudes de son quotidien : imaginez simplement la personne dans une situation quotidienne et ne vous focalisez pas sur le résultat !
- Les couleurs qu'elle devrait porter plus souvent.
- Les conseils qui vous viennent du coté sentimental.
- Tracez à la main levée la courbe de son évolution comme elle vous apparaît spontanément.

Faites-vous toujours et davantage confiance.
Laissez libre cours aux sujets : décidez vous-même des sujets que vous souhaitez traiter.
Laissez-vous aller à développer ce que vous souhaitez ou naviguez vers de nouveaux horizons !
Pour les plus téméraires : permettez-vous de partir en voyage avec elle. Avec son essence. Laissez son essence-même vous porter là ou l'inspiration vous mène.

Rappelez-vous que tout a une utilité, vous n'avez pas à chercher à comprendre tout de suite, vous devez avant tout profiter de ces expériences qui vous ouvrent à de nouvelles richesses intérieures. Par la suite, vous en comprendrez le sens, les assimilerez et calibrerez votre intention pour pouvoir les réaliser lorsque tout vous l'indiquera dans une situation. Jamais par curiosité mal placée, toujours dans l'invitation du cœur d'aider, d'illuminer.
Vous pouvez vous brancher sur d'autres plans, comme ses vies antérieures ou ses autres mondes d'appartenance. Dans ces cas-là, ne portez aucun jugement, ces informations vont avoir du sens après coup. Par exemple, si vous la voyez comme une elfe des bois, c'est peut-être parce qu'elle aime la nature, les plantes,

a la main verte et a des talents naturels de guérison. Elle reconnecte avec cette mémoire et travaille avec cette énergie[6].

Ici il ne s'agit pas de vouloir rapporter à tout prix des informations car, en réalité, toute expérience est avant tout pour votre propre évolution, pour vous m'aime. Et lorsque chaque être humain s'aimera assez pour s'écouter, l'entraide sera le plus grand facteur d'évolution.
Plus nous nous autorisons à voir, plus nous voyons. Toutefois, ce que nous refusons inconsciemment de concevoir par nos propres blocages sera impossible à voir chez l'autre. Plus nous travaillons sur nous, plus nous élargissons notre champ de conscience. Le filtre du mental est de plus en plus propre. Car le mental nous sert à retranscrire ce que nous voyons. « Moins j'ai de blocages, plus je grandis, et plus mes perceptions s'élargissent. » Ainsi nous canalisons des champs de conscience plus élevés et donc plus pertinents pour nous et pour les autres.

Libérez totalement votre *« image-in-air »*, votre spontanéité et votre créativité. Permettez-vous de voyager, n'attendez pas que quelqu'un puisse vous emmener à votre place.

L'INTERPRÉTATION

Attention à restituer les images et les un-formations telles que vous les avez reçues ! Vous ne devez en aucun cas analyser et interpréter ce qui vous vient à votre manière. Au contraire, vous devez respecter le plus fidèlement possible la pureté de l'un-formation reçue. Décrivez simplement l'image qui vous vient.

6. Astuce d'Émeline.

Transmettre l'un-formation sans la dé-former

L'un-formation arrive dans une un-pulsion spontanée sans forme, silencieuse et un-visible de sorte qu'il est très délicat de pouvoir ensuite la traduire !

LE DICTIONNAIRE DU MENTAL

L'un-formation va devoir se densifier pour être traduite. C'est ainsi que notre mental entre en jeu, il a une place importante dans cette chaine de traitement de l'un-formation.
Il porte avec lui un énorme dictionnaire de références dont il se sert pour la traduction. À partir d'une un-formation un-visible, il va passer en revue, tel un ordinateur, tout le dictionnaire pour pouvoir traduire le plus fidèlement possible l'un-pulsion en une phrase, un mot, ou l'interprétation d'une image.

✸ Dans le cas d'une image

Ici, la traduction est inutile. L'image est bien « reçue pour quelqu'un ». Ainsi, si elle n'a pas de sens pour vous, c'est très probable car elle ne vous est pas destinée ! Elle doit être retranscrite le plus fidèlement possible pour être partagée au destinataire. C'est tout !
En évoluant, nous ouvrons peu à peu un champ des possibles qui nous permet même de comprendre instantanément les images, mais cela demande du temps, de la persévérance et beaucoup, beaucoup de clarté intérieure par le lâcher-prise. Car c'est notre conscience qui s'ouvre alors à l'omniscience de la Source en nous, qui ne peut chercher à être comprise sur le plan mental.

✸ Un ressenti, une idée, une un-pulsion spontanée

Vous ne savez pas pourquoi, mais vous avez eu envie d'écrire cela, vous l'avez ressenti de cette manière et un peu timide, vous avez osé l'écrire. Bravo !
Vous ne devez jamais attendre d'être sûr car cette validation ne peut que venir du mental, qui lui ne peut rien confirmer ! Alors osez écrire ce qui vous vient.
Dans ce cas précis, la traduction est particulièrement méticuleuse ! Le mental va ouvrir son dictionnaire pour donner sa retranscription la plus fidèle mais, dans ce dictionnaire, il y a VOUS : vos références, votre vécu, votre angle de vue, vos propres affinités, votre manière de recevoir, d'analyser et de comprendre.

Quand nous recevons pour quelqu'un, nous sommes reliés à l'unité en nous-m'aime, nous sommes cette personne dans l'Un.
Ainsi, pour transmettre une traduction plus méticuleuse, je vous conseille d'écrire ce que vous ressentez.

L'intention et les lignes du temps

Qu'est-ce qu'une ligne du temps ?
Une ligne du temps représente une période définie de la chronologie d'une vie ou encore d'une âme. Elle peut correspondre à un moment passé, présent ou futur.

Comment se connecter à une ligne du temps ?
C'est encore une fois l'intention qui doit être éclaircie pour se caler sur la ligne de temps souhaitée.
Dans notre exemple, si vous avez demandé ses goûts musicaux en pensant à elle jeune, l'intention a suivi votre inspiration et vous a donné les informations en résonance. Si vous avez émis l'intention de recevoir ses goûts musicaux actuels, c'est ceux-ci qui vont vous venir spontanément !
Si vous débutez vous pouvez avoir le réflexe inconscient de lier à votre intention une « nostalgie », ce qui peut déplacer l'intention sur une ligne de temps passé. Cela signifie que vous pouvez être vous-même dans votre passé, qui n'a pas encore été épuré, et que vous conservez avec vous au présent autant de « d'où-leurre » et de souvenirs, comme des résistances intérieures.
Veillez donc à ne pas entrer malgré vous dans un état émotionnel nostalgique qui se présente souvent lorsque nous nous ouvrons à la réception, à « nous-m'aime ». Cela peut remonter en vous des émotions non exprimées en miroir.
Ainsi, toute réception est une merveilleuse opportunité pour nos propres libérations et bien évidemment, notre évolution !

DERNIERS CONSEILS
Ne vous découragez pas, soyez fier de vous et empli de gratitude pour la moindre petite réception, remerciez-vous de vous donner autant d'opportunités. N'attendez pas de vous quelque chose qui vous rend triste si vous ne l'avez pas, restez centré et, en l'instant, heureux des présents du présent.

Trouvez en vous la force de sourire à toutes les petites miettes lumineuses jusqu'à ce percevoir un jour la baguette en vous, entièrement dévoilée !

Direction : Catherine Saunier-Talec

Responsable éditoriale : Lisa Grall

Responsable de projet : Sophie Bartczak

Correction-adaptation et suivi éditorial : Stéphanie Viards

Relecture : Orianne Hurstel (Ecritoh)

Principe de couverture : Cécilia Rehbinder

Mise en pages et illustrations : Florine le Richon

Fabrication : Anne-Laure Soyez

Responsable communication : Johanna Rodrigue

Responsable partenariat : Dana Lichiardopol - dlichiardopol@hachette-livre.fr

Dépôt légal : novembre 2022

ISBN : 9782017185048

2282689

Imprimé en Italie

Nous utilisons des papiers composés de fibres naturelles, renouvelables, recyclables et fabriqués à partir de bois issus de forêts adoptant un système d'aménagement durable. En outre, nous travaillons avec des fournisseurs de papier qui s'inscrivent dans une démarche de certification environnementale reconnue.

PAPIER À BASE DE FIBRES CERTIFIÉES

hachette PRATIQUE s'engage pour l'environnement en réduisant l'empreinte carbone de ses livres. Celle de cet exemplaire est de :

1100 gr. éq. CO_2

Rendez-vous sur www.hachette-durable.fr

58, rue Jean Bleuzen – 92178 Vanves Cedex